文史哲詩叢
24

聽聽那聲音

楊華銘著

文史哲出版社印行

國家圖書館出版品預行編目資料

聽聽那聲音 / 楊華銘著. -- 初版. -- 臺北市 :
文史哲, 民 86
面 ; 公分. --(文史哲詩叢 ; 24)
ISBN 957-549-066-5 (平裝)

851.486

文史哲詩叢 ㉔

聽聽那聲音

著者：楊華銘
郵撥一九〇一五四八九楊華銘帳戶
出版者：文史哲出版社
登記證字號：行政院新聞局局版臺業字五三三七號
發行人：彭正雄
發行所：文史哲出版社
印刷者：文史哲出版社
台北市羅斯福路一段七十二巷四號
郵政劃撥帳戶一六一八〇一七五號
電話：八八六—二—三五一一〇二八
實價新台幣三〇〇元
中華民國八十六年四月初版

ISBN 957-549-066-5

序

無名氏

中華民族可算是一個詩的民族。兩千年前就出現了偉大的「詩經」且不說，以後從「離騷經」直至臺灣的現代詩，兩千年間，儘管神聖國土數度淪于異族，但詩的火炬始終燦爛不熄。反觀西方文明之故鄉的希臘，自傑作「伊里亞特」之後，直到廿世紀，才出現了一位贏得諾貝爾獎的大詩人，其間詩燄暗淡了一千多年。和中國同躋于最古級的印度，雖詩歌花朵繁茂，但論及詩藝的詭變多姿，譎宕恢奇，恐怕也要讓中國詩史一籌。

我還有一個偏見。中華民族所以能長存地球四千年，直至目前，仍元氣淋漓，生命活力強項，在國際上的地位，已超過其他幾位老兄弟，其一部分奧秘，可能還須這兩千年的詩歌、文學長流來解答。詩與其所隸屬的文學的功能之一（撇開一些秘密功能不講），本來就是時刻啓發、教育、培養、鍛鍊民族精魂。必須有朝氣蓬勃、自尊自勵的民族魂，一個民族才能有光采的屹立於天地間。雖偶有顚躓，終必能乾坤復振。我中華民族正是這樣一個萬世不朽的偉大民族。而它所以能時時轉衰爲興，也正因爲有太多的偉大詩歌及所屬的偉大文學作品不斷發聾振聵，耳提面命，又復諄諄教誨，日夜鞭策、鼓勵，大聲疾呼，喚醒其偉大民族魂。民族靈魂一甦醒、振作，天下又有何種危難不能迎刃而解？

正因爲文學、詩歌之重要，幾乎是生命原動力之豔之一，所以中國歷代政治家才具有一大特色，即多能吟詩作歌。自三閭大夫屈原起；迄以後的曹子建、阮籍、大小謝、陶潛、李、杜、王維、白居易、韓愈、李義山，直至宋代蘇軾、王安石、陸游、歐陽修、辛棄疾等，許多官吏，包括宰相在內，多是詩人或詞人。豐富的詩歌生活不只提升了這些政治人物的性靈，宇宙觀，和倫理氣韻，也鍛鍊了他們的爲政品質，因而良相、名將、賢官、廉吏不絕于史，創造了一部既可歌更可泣的不平凡的中華民族史。

楊華銘先生囑區區爲其詩集作序，我卻先談中華民族詩史，主因是：華銘先生曾在芝加歌任中華民國外交官十年，後又轉司國民外交並在美經商十餘年，以一個外交官而弦歌不輟，浸淫繆斯，這正是實踐了中國政、詩結合的優良文化傳統，甚至先生爾後雖效陶朱公，仍然詩思泉湧，詩作不斷，又比傳統文人境界更有所提昇，單是這種在任何工作空間仍不廢追求眞善美的精神，就令人肅然起敬。

希臘大哲柏拉圖說過：「有的人寫詩，有的人生活在詩裡。」楊先生在翡冷翠、羅馬、芝加哥、巴黎、萊茵河、威尼斯、西湖、秦淮河、馬蒐坡，萍跡所至，到處留下詩章，眞可以說，他不只寫詩，也生活在詩裡。

首先値得肯定的，是他的「聽聽那聲音」詩集裡的題材的豐富。集中不僅記旅游萍跡，亦收抒情吟詠，有對中國大詩人的諷頌，更有戰地干戈之音，甚至還素描「霸王別姬」、

「四郎探母」、「昭君出塞」等三齣京劇，而特殊主題如「懷蝙蝠」、「軍帽」等篇，亦饒風趣。

其次應予推許的，是他的詩作氣勢甚壯，不少皆長詩，而首尾氣勢一貫，並無衰竭之象。這也說明，他畢竟度過長期戎馬生涯，而慷慨壯歌乃軍人本色，蓋胸中總湧溢一股崇山深流之氣象也。

從純詩角度看，卷首那兩首詩：「琴聲」與「月光」，充盈抒情氣象，算得上浪漫主義風格的可喜之作，雖略接近徐志摩那一派，似也沒有什麼可置喙的。

「摩娜麗莎」可能是作者力作，不但這一題材，我國詩人尚未寫過如此長詩，更由于作者爲達文西畫筆下這朵萬古不朽的微笑，投注了巨大的想像力與感性。不用說，它的氣魄也頗令人動容。

作者在芝加哥卜居數十年，寫「芝加哥」自是格外親切。集中敘翡冷翠、萊茵河、威尼斯、聖彼得廣場、西敏寺一角等篇，異國風情畢露筆端，而記本國名勝古蹟如黃山、三峽、赤壁、岳陽樓、秦淮河，均能畫龍點睛，點出這些空間的特色。「第四輯」詠李義山、陶淵明、屈原、白樂天、蘇東坡、李長吉等大詩人，亦多能繪聲繪影，甚是傳神，兼具寫實的直筆。

總之，華銘先生以一個軍人、外交家、商人、教師的身份，而非專業詩人，能帶給我們這些可喜之作，不僅可供我們細細品賞，更是證明了：中華民族畢竟是一個詩的民族。

抒情寫景兼詠史
——讀楊華銘的詩集「聽聽那聲音」有感

戚宜君

詩是案頭的山水，山水是大地的詩篇；詩是情興的吶喊，情興是詩篇的靈魂；以詩心來詠史每每使人感慨萬千，將史事融入詩篇輒能突破「史無定論」的泥淖。

劉勰的《文心雕龍》上云：「心既託聲於言，言亦寄形於字。」意謂人類表達思想感情，必須依賴語言和文字爲工具，如果祇是平鋪直敘，不易引起聽者或讀者的感動和共鳴；勢必要妥加斟酌及營造，方能使聽者認同，使讀者動容，於是文學的手法便應運而生；而詩歌更是文學領域中的精粹部分，能以極少量的筆墨，概括極豐富的內蘊。這也就是劉勰所說的「以少總多，情貌無遺」的技巧所在；亦即劉禹錫強調的「片言可以明百意，坐馳可以役萬里」的作詩理念。

文心主宰國運，詩魂就是國魂，詩人有悲天憫人的熱愛，更有時代先驅的壯懷。日本的「明治維新」而富國強兵，導源於瀨山陽的一首敘事詩；法國大革命如火如荼的展開，得力於雪萊拜倫在詩篇中的鼓舞語句。中華民族更是一個詩的民族，炎黃子孫尤其擁有詩樣的情懷，除了陶冶靈性，變化氣質的「詩教」而外，更憑恃「知懲、知彰、知柔、知剛」的細膩心思，發而爲「萬夫所望，黎庶渴想」的篇章，爲徬徨的芸芸衆生，引發嶄新的嚮往，勾畫出鮮明的希望，遂使中華民族蹎而復起，繼續茁壯。

楊華銘的「聽聽那聲音」詩集，包括六十五首詩篇，分爲七輯，依次爲「琴聲」、「水聲」、「鐘聲」、「書聲」、「風聲」、「歌聲」及「干戈聲」。詩篇原本就是無聲的樂章，樂章更是有聲的詩篇；詩篇中有清越的琴聲，潺潺的水聲，悠揚的鐘聲，琅琅的書聲，嘶嘶的風聲，嘹亮的歌聲與金鼓震天的干戈聲。一篇田園詩與一首田園交響曲常能收到相同的效果；分別在於音樂的聲音是用耳朵聽的，詩篇的聲音則必須用心靈去深切體會。

「聽聽那聲音」詩集，有喁喁低語的情懷，也有懷鄉思國的呼喚，更有感時傷逝的嘆息，尤有鐵馬金戈的鏗鏘雷鳴。創作的時間前後涵蓋半個世紀，涉及的空間更加廣泛，眞箇是「立足台灣，胸懷大陸，放眼世界」的具體寫照。雖然作者謙稱這本詩集祇是大時代中一個平凡人的另一種聲音，事實上這種聲音卻予人以巨大的震撼與深刻的感動，而展現出清麗的韻致和磅礴的氣勢。

「聽聽那聲音」詩集中不乏蒼涼的喟嘆、難解的迷惘、有唏噓的無奈、有豁然的頓悟、有無盡的期盼、有根深柢固的民族情結、更有如癡如狂激越情愫。「誰是英雄？誰是叛逆？誰將泯滅？誰將不朽？」是一種蒼涼的喟嘆。「不留一點痕跡，抹去刀痕、血痕、淚痕、吻痕；褪盡蟲鳥的跡、虎豹的跡、花徑的跡、心路的跡。」是一種唏噓的無奈。僧侶唱偈：「解即不解，不解即解。」信徒打禪：「信亦不信，不信亦信。」佛說：「不可說，不可說。」處處都是難解的迷惘。登上岳陽樓默唸范仲淹的名句「竟然唸不順：先憂後樂，先樂後憂。竟然攪不清：進憂退憂，憂誰誰憂。也罷，誰管得，都是過客，都將離去。」是一種豁然的頓悟。「心足即是富，身閒可當貴；有田園可歸，有退路可去。可耕、可漁、可樵；管山、管水、管竹。」是一種最大的期盼。「流水在腳下喋喋，青山在兩岸默默；八百哩萊茵，怎抵長江萬里。」是一種民族情結。全集中更多的是欲挽欲蹤的癡情，忽笑忽哭的狂癲。

由於烽火漫天，楊華銘十五歲投身軍旅，一面執干戈以衛社稷，一面苦學不輟而進德修業；三十歲高考及格擔任文官，三十三歲外交官特考及格，之後派赴國外，歷任芝加哥副領領事及領事；中美斷交後留美經商並從事國民外交工作。時光荏苒，早生華髮，去歲返台定居，任職民間機構，兼任英語教學，暇時以寫作自娛，詩篇散見於國內外各大報刊，以其學養之豐富，閱歷之廣博，再加上經歷之曲折與心路的幽邃，發而爲詩，遂成靈思慧語，字字珠璣，鞭辟入裡，感人至深。

有幸先睹爲快，深獲我心之餘，謹述所感如上。

聽聽那聲音　目次

〔第五輯〕風聲

第一輯　琴聲

西湖月色

少年離別意非輕
老去相逢亦愴情

——王安石

琴聲

重逢，在此四月的湖上
縱已過去了半個世紀
縱已等待了一萬八千個
黃昏

仍挾長琴而來，與我共此小舟
你輕輕撥弄，引往日舊韻
一一歸來，自遙遠的天際

琴聲乍放，已是夕陽
映湖面碧波，以滿天晚霞
每一朵彩霞，是一個喜悅，一句殷殷相問
千萬雲朵，千萬個祝福

在湖心綻開
琴聲灑落，如月光
撒湖面閃爍，以滿天星光
每一顆星，注一個音符，訴一段往事
千萬點星光，千萬點淚光
在眼中閃亮

琴聲驟急，如疾雨
搗碎一鏡湖面，成殘紅片片
每一片破殘，是一瓣心碎，一頁辛酸
千萬支急雨，千萬陣敲捶
在心頭震顫

琴聲漾漾，如荷飄香
染濛濛空寂，以一湖清香
每一葉荷，沾幾許露滴，盛一掬思念

·5· 琴聲

滴滴珠露，片片思念，層層迷惘
在心底蕩漾

琴聲徐緩，如春風拂面
撫平湖面皺摺，拂去心靈創痕
還它湖平如鏡，心淨如湖
　照見昔日良宵，青春年少
照見今夜星光，兩岸青山，兩鬢星霜

任堤上柳絮顛狂，桃花輕薄，一如往昔
任雙峰高髻猶在，三潭風光依舊
你四月的琴聲竟奏不回春天！

縱只相逢一宵，我
　愴情已縱，殘心已補
明朝今夕，是
來生今世

何須
留
戀

一九九三年四月泛舟西子湖上
一九九四年四月追記于密西根湖畔

月光

今晚我駕長虹而來
盼在你的髮梢營巢
我願是隻天竺的紅雀
不再是啼血的杜鵑

今晚我乘夕陽而來
盼在你的肩頭棲息
我願是隻淨慈的白鴿
不再是孤獨的鷹隼

今晚我泅月光而來
盼投入你的眼池裸泳
我願是尾花港的錦鯉

不再是照影的驚鴻
今晚我攀流星而來
盼在你的身傍依伴
我願是隻孤山之閑鶴
不再是失群的孤雁

可是，你形容憔悴，眼池乾涸
你木然站立，不曾張開雙臂

怎奈？奈何！無奈
我繞湖三匝，借著月光
又一次悻悻離去

一九九四年四月·杭州

摩娜麗莎

一

在五百廊柱與廊柱之間
在三千復三千佳麗之中
在十萬聲夢裡呼喚，七晝夜奔波之後
妳終於出現，不！是我終於來到
見到妳真實一面，見到
四百年舉世滔滔，妳
神秘的，永恆的
微笑

何以神秘？何以永恆？
我凝視妳的眼眸

細察妳的唇角
檢閱妳的背景
捉摸妳的笑意
笑意，如妳背後靜靜的湖水
深不可測，卻清澈可鑑
笑意，如妳背後濛濛的山林
高不可攀，卻觸手可及
笑意，如妳背後潺潺的溪流
曲折蜿蜒，卻直訴衷曲
笑意，如妳背後飄忽的雲彩
遠不可抵，卻如在目前

妳是誰？
是伯爵的妻子？畫家的情人？
何必窮究！
妳因何笑？
是SPHINX的迷茫？

熱戀中的滿足？
失意時的訕嘲？
何必忖度！

妳的笑
是象徵的，也是寫實的
是古典的，也是現代的
是保守的，也是浪漫的
是超流派，超時空的
妳的笑
是藝術家心靈中天使的
是達文西憧憬的
　寧靜、安祥、健康的
理想世界的永遠微笑
妳的笑
無海倫傾城之艷

無妲己傾國之媚
卻使千萬世人傾心

二

在無季無節的四百年之後
在焦慮、無奈的等待又等待之中
在三千復三千的四方遊客之間
你終於到來。不！是我終於發現
一個能透視我心靈的
東方人

年復一年，我被禁錮
　如深宮的怨妃
　如修道院的青尼
　如動物園的珍禽
人們爭啄我的眼眸
　挑剔我的唇角

分析我的容顏
　猜疑我的笑意
卻不屑一顧，達文西
為我細心描繪的
背景；不知揣摹他
為我留下的，單純的
心靈

日復一日，人們簇擁著我
我從未孤獨，卻一直孤獨
我從不寂寞，卻無限寂寞

回想五百年前
那一千多個共他笑語相對的朝夕
他以聖處女的形象
為我畫眉，為我淨目，為我點唇
為我飾綴：純澈的湖水，濛漠的山林

跳躍的溪流，飄渺的雲影
為我留下他自己的，天使般的
心靈

他總是帶我在身伴，無論
是晨昏，是晴雨
在米蘭，在翡冷翠，在巴黎……
不幸，異國的君王擄走了我
從此流落
讓我的微笑僵在這裡

你當然知道，在一九一一年
我曾越獄，逃回威尼斯故鄉
但不久他們又捉我來此
監視更森嚴，再無西方人
敢來救我

你是百年來惟一能
猜透我心事的東方人
聽說你們有重金贖文姬的故事
可否為我在金錢淹腳目的
東方島上，尋找願意
救贖的人

一九九四年七月廿日·巴黎

芝加哥

——遙寄島上諸友

客舍并州已十霜，歸心日夜憶咸陽
無端更渡桑乾河，卻望并州是故鄉

——賈島·渡桑乾

朋友！你問我芝加哥是怎樣的城市？
桑德堡筆下有寬闊雙肩的城市（註一）
它右肩挑起密歇根湖的水
灌溉美國中西部平原一覽無垠的麥黍田
左肩將金黃色的玉米，小麥和大豆
輸往俄羅斯和中國
余光中筆下新大陸的大蜘蛛（註二）

它雄踞在密網的中央
——地面高速公路的密網
空中航線的密網
太空資訊系統人造衛星的密網
網住地球上的三層空間
網絡來自五湖三洋的財富和才俊

在芝加哥，我們把四季濃縮成兩季
我們不傷春，不愁炎夏，也不悲秋
除了一個寬闊的棒球季
就是一個長長的掃雪季

在芝加哥，比鋼鐵，屠宰，黑道人物
更有名氣的是：強勁的風
——它別號風城Windy City
多風，多雪，更多風雪交加的日子
不過這裡的人，縱然風雪蔽日，不見長安

卻從不發愁
在芝加哥，我們在教堂跳靈魂舞
在學校裡吸大麻抽海洛因
在大街上用警笛演奏命運交響曲
在芝加哥，我們人人爭做的是約翰·韋恩
——演西部影片的英雄
一言不合，我們就拔槍，絕對
乾脆俐落而不含糊

是的，芝加哥是粗獷的，但絕非
瘂弦筆下粗糙的，不識字的城市（註三）
芝加哥大學獲諾貝爾獎的禿頭學者
超過整個亞細亞獲獎人數的總和
這兒有林肯的故鄉
是海明威的出生地
還有那絕不粗糙的，非常細膩的

PLAYBOY 的發源地

在芝加哥，我不是難消化的金甲蟲（註四）
我祇是一隻來自遠方異族
不被保護的蜻蜓（註五）
不敢去觸那密網，怕被吞噬
也不敢去戲密歇根湖的碧波
怕被沉沒而從此歇根湖底
也迴避來自太平洋的疾風
（你早已知道，我不是勁草）
怕被折翼

我只在郊野的弱水三千
小心翼翼地輕輕飛掠，偶而點水
我只輕取一滴飲
一瓢太多

朋友！初來此地時，我也曾吟：
「雖信美而非吾土兮
曾何足以少留」
不料一留就留了二十四年
長長的二十四年，短短的生命一刹
朋友！彷彿就在昨日，我還分得清
　此岸是異域，彼岸是故土
但如今，時光消磨，視力減弱
　常把密歇根湖上的遊艇
錯看成洞庭的片片風帆
把湖濱大道一旁的高樓
錯看成黃浦灘頭……
異國與故國的分野
正逐漸模糊……

一九九四年愚人節·芝加哥

註一：美國名詩人Carl Sandburg在題爲「芝加哥」一詩中，稱讚此城市爲City of the big Shoulders.

註二：引自名詩人余光中「芝加哥」一詩。

註三：詩人瘂弦在寫其「芝加哥」一詩時，從未到過芝加哥，甚至也未到過美國。（見「瘂弦詩集」P.319洪範版）

註四：余光中在前詩中自喻。

註五：蜻蜓英文名字爲Dragonfly，直譯應爲「龍頭飛蟲」，與「龍的傳人」倒是近親。蜻蜓在伊利諾州被列爲稀有動物，受法律保護。

棲止

——給光熹

剛讀過江北的白楊，江南的梧桐
回到島上，讀你「子餘的樹」（註一）

廿五年了，我不曾在你的枝上棲息
而今萬里飛回，你已枝繁葉茂
卅五年了，我沒有再唱歌
自從那次你我協奏于金門（註二）

多麼高興，別後你已將：
「苦澀的汁化作香冽的酒漿」
你終將「開滿樹繁花於（人們的）心田」

多麼希望，像你一樣
死去，又重生
再與年青時的同伴相聚
再一塊兒喝茶，寫詩
不再棲止于異域不知名的樹上
不再吟李杜的詩給不懂的人聽。

一九九三年九月于芝加哥

後記：飄泊海外，闊別光熹已匆匆廿五年，一九七八年於駐芝加哥領事任內，突接同窗鄭君電告，謂光熹已離人間，悲悼不已……，今歲自大陸倦遊歸來島上小憩，驚喜摯友無恙。把酒重晤于南投小鎮，不禁滄桑之感，互道「恍如隔世」。

註一：「孑餘的樹」光熹詩集名（光熹筆名「朱朗」）。

註二：卅五年前，光熹與我同在金門執干戈以衛社稷，光熹成詩一首名「死魚」，我以「寒鳥」和之，其後李春生兄又以「沙粒」和之。自那年後我未再寫詩。

附錄：

致在美的華銘

朱朗

1. 活著

在你以爲故人「已故」的這些年
我仍活著，活著把
意氣昂揚的少年活成了
斑白的衰翁；而島亦不復
當年質樸清淳的林野與
克難蹈勵的Bastion
昔年的戰士們如落葉
凋萎於鄉村與城市暗淡的角落
如雨後林中腐葉間菌傘般蠭起的
財團們以Mitsubishi暴力的手
褫盡大地母體的衾衫，裸露成

高爾富球洞的臍眼
失去幽邃靜美的家
Nymph們淪落成酒廊與KTV的「公主」
被切斷乳養的分泌
Addictted沉溺的島聳立起
夸誕虛飾的水泥、玻璃樓宇如
手術隆起的滋殖癌腫的乳房
而我活著、活在
掙扎生存的苦役中
飲著時而耽心會涸竭的被污染的水
呼吸著日益污濁的空氣；而靈魂——
靈魂在統、獨的Tug-of-war中被拉成
一條痛楚、酸澀而漸麻木的朽敗的繩

一九九三年九月廿八日

2. 復活

你以爲我久不在斯世

其實也差不多；
沒有轟轟烈烈的戰鬥
沒有生死相許的愛
你說這算不算活著？

而你，到底是西子與范蠡的鄉親：泛舟，
就去作領事，過太平洋
泛密西根、安大略……；貿遷，
就在芝加哥開片店。
盼你滬上投資的計劃早點實現
好作我江南遊的東道主。

讀著你的「棲止」與「長江五首」，
知道詩人的你已經復活，
金門戰火中淬煉過的蕾竟潛隱了三十年
才一沾「子餘的樹」的寂寞小花的一點花粉
一發就綻放、結實於葳蕤的長江干

與亞美利加，就這樣
你比范先生或陶老闆
就多了一點點。

一九九三年九月三十日

3. CONGRATULATION

I congratulate myself for my being alive.
For being alive and seeing you again.
You congratulate for my being alive,
Because a part of you is living in me.
Because we share the same memory,
We share the hope and desire, love and hate in common.
We are living in the hearts of each other.
If our friends died one by one,
Where and how should we live alone?
Is that true?
If I died, a portion of you in me would also be dead.

Therefore, I congratulate for your being alive.
Because a part of me is also living in you.
For all this, we should manage
To live carefully and live well for each other.
From now on.

Sept. 27, 1993.

壺

——初臨太魯閣一景戲作兼致兆庚兄

共工氏遺下的原材，忘了加工
武陵人也沒有來過

四周的山是高牆，四面圍住
頂上留出一小塊天，像玉壺的蓋
我被蓋在其中

日月星辰的光暉從透明的蓋滲進來
光影下有林木蒼翠
　　有流水琤琮
　　有曲徑蜿蜒
有限的空間，乃成一

壺的乾坤

這裡的天很小
但山很高，水很清，竹很秀
可以請青蓮居士來看山
可以請五柳先生來採菊
可以請板橋道人來畫竹

如果山看厭了，菊採夠了，竹畫累了
不要緊，正好湊成一桌麻將
讓我們築一個四方城，劈劈啪啪地打起來
讓我們回憶一下外面的爭戰歲月
然後將剩餘的欲望、幻想、貪念
用城磚把它們一一擊碎

但是請闔閭不要來，這裡無處磨劍
　請成吉思汗不要來，這裡無處馳馬

請范蠡大夫和西施不要來，這裡無處泛舟
請姜子牙老先生不要來，這裡無處垂釣

請山那邊的塵埃不要飄過來
請海那邊的喧嘩不要湧進來
我們祇要這一小壺靜
我們祇要這一小塊天！

後記：當代有一名人以「放屁」入詩，傳誦一時，既如此，我以「痲將」入詩，諒亦無傷大雅也。

老兵

——致遠在屏東的李春生兄

今天，一九九三年十二月八日，一個戰爭紀念日
光熹越洋寄來「海鷗」復刊第二期
在第一一二頁，讀到您的詩
「老兵」，使我跌進椅子
影像重疊，久久如椅

想起一九四九年
一根扁擔挑著兩頭行李
一頭是連長的，一頭是我的
匆匆趕赴南京下關車站；
又揹著一支比我高八吋的漢陽造
行軍在黃浦灘頭……

想起一九五〇年
在澎湖測天島每天重覆二次吃鯊魚和糙米飯
想起一九五四年九月三日在小金門
炮彈在我四周開花
一個同伴枕著我的腳睡去，不再醒來
想起佇立在大膽島上眺望鼓浪嶼
那二百多個黃昏……
想起鳳山軍校大操場日正當中，忍著飢
繞著飯廳匍匐前進，一周又一周……
想起桃園龜山頭暴風雨中的野營
想起……

想起一九五七年
你的「和諧二章—致遠在金門的華銘」
雖然那時我們素昧平生
如今也從未謀面
但那時「兩個堅強的靈魂緊緊地拉了手」

此刻，讀著您的「老兵」，我希望能
第二次和您緊緊地握手
老兵與老兵，在字裡行間
也第一次給你寫信，雖然遲了三十六年
也祝福您永遠飛翔
飛得瀟洒，飛得自在！
一九九三年十二月八日·芝加哥

附錄：

沉——讀史兼答華銘

李春生

很少人泅出這條河

常常
讀至一關鍵的章節
闔書冥思
驀然
涼意襲來
頓覺滅頂

刺刺　潑潑
船行而過
秦始皇？
劉邦？

李世民？
抑或
朱元璋？
努爾哈赤？
……

從這岸到彼岸
多少人
在激流與漩渦中
翻覆
只有
「洗耳」和
「夢蝶與鼓盆」
旁觀的釣者
在嗤嗤竊笑

一九九四年二月·屏東

賀松柏三月一日退休 幷序

在三萬呎高空
飛回新大陸途中
讀你的乙亥歲末贈詩
半生友情，如機窗外的雲層
密密厚厚，伴我迴翔，載我沉浮

四十年前初遇，在復興岡
兩顆年青而沸騰的心
都懷著「國家不抬頭的悲哀
和生命不發光的憂鬱」（註）
在以馬廄充當的教室裡
你我的書桌相鄰，一窗與共
在以囚獄改裝的營舍裡

你我的臥榻並列，鼾聲相呼
在教官滔滔嘮嘮的革命理論聲中
你在偷讀莎士比亞全集
我在浮士德及少年維特的煩惱裡入夢

驪歌聲中分手
你投入野戰部隊，我分發金門前線
翌年在喧騰中外的砲戰前夕我剛換防離去
你卻頂著鋼盔，披掛全副武裝
　在十萬發砲彈的迎迓聲中
登陸料羅灣，搶灘、匍匐前進
在生死邊緣掙扎求生
在彈雨如繁花開落的
古寧頭沙場，在碉堡、戰壕裡
繼續讀你的史、經、子、集

多年後，我們從不同的軍營

竟然先後走進總統府
在介壽館三樓舉筆共案
及後我依附坫壇，淪落異域
你卻在島內青雲直上
由一名流亡學生，貧窮失學青年
而學士，而碩士，而國家博士
而禪學權威，而國學大師
而蜚聲杏壇士林
你的奮發事蹟，引為佳話，播為傳奇
誰不曰：當年杜生才調，誰與倫比

在三萬呎高空
無垠的蒼穹下，雲深處，滄海上
時光在隆隆機聲中飛逝
想起你明天即將退休
半世紀的滄桑歷盡
今後布衣野老

湘絃禪心，新曲可期
不禁要寫一首白雲的詩
祝賀你返樸歸真

一

上升，上升
到三萬呎高空
離開地面，洒脫塵凡
讓生命向青空豪放
　不再被推擠、打壓
　不再趕搭巴士、追撞號誌
烽火狼煙已驚不起
山崩地震已撼不動
壯士的血，英雄的血，都已流過
情人的淚，阮藉的淚，都已落盡
渾沌自在，渾忘所以
讓身心在青空飄逸

飄向無極
飄向永恆

二

悠哉，悠哉
在三萬呎高空
不再羨高鳥，高鳥羨我
不再愧游魚，游魚愧我
不再有聲
卻可發為雷聲、風聲、雨聲
不再有形
卻可以是旌旗，是舟楫，是三山五嶽
　是萬馬奔騰，是萬花錦簇
我們無度
卻可以載日月，載星辰
　載得動七情六慾
我們無量

卻可以吸長江水，黃河水
　收放萊茵，吞吐尼羅
我們聚：是眾生相，有大千世界
我們散：本來無一物
　不留一絲痕跡
刀痕、血痕、淚痕、吻痕
　　褪盡，落盡
蟲鳥的跡，虎豹的跡，花徑的跡，心路的跡
全無蹤跡

一九九六年二月廿八日・太平洋上空

註：松柏與我之同窗詩友朱光熹於一九五七年贈作者赴金門詩中佳句。

附錄一：

迎華銘（戲仿華銘體）

杜松柏

迎接您，擁向您
這世代，我族群的杜陵布衣
不曾朝扣富兒門，夕逐肥馬塵
卻飽攬邁阿蜜歐福島的秀逸
蜀三峽、黃鶴樓的幽奇
緩搖彩筆吟箋

沸亂時代
曾躍馬橫戈壯逾甲胄司馬
陣中吟哦
哀比安史悲歌
當近中年，搓赴亞美利堅
胼手開拓暫置詩囊

難忘中國強的憂傷
鬢髮微霜，子貢是仿
欲兩岸連騎，少試鋒芒
堪比便下襄陽向洛陽的還鄉

暫停征棹
半生朋友共今夜燈光
酣飲笑談
淡出潦倒新停濁酒杯的頹唐
呼喚我以斷腸詞、漂鳥句、錦瑟詩吧
尚能酬以星星的淚珠
不興新亭的嘆吁
勿發每飯不忘君的吟句
誰懷漢賊不兩立的吁噓
暫且攜手共住歡愉

並箋兆庚

乙亥歲末

附錄二：

致赴金門的華銘

朱光熹

一九五七年的詩簡

莫讓悲憤的淚水迷濛了你眺望的眼，
莫忘以瀝血的詩描繪我一幅故國的山色與雲影
我們別離在那日並沒有醉酒，
但國家不抬頭的悲哀與生命不發光的憂鬱
釀我們每一滴血成爲火烈的酒精；
你我兩副清瘦的軀體與細弱的骨架
有一日將化爲灰燼；揮揚於爲我們自己
暴怒的狂笑所震盪而怒捲狂飆的天空，
然後，飄落，飄落於祖國聲已竭的原野
淚已盡的海洋中。

民四十六年「七月七日」於台北

一九五七年六月與華銘兄同畢業於以「革命」志業爲號召之某軍校。數月間先後派赴金門戰地。華銘於次年八二三戰前調回。光熹歷經兩次砲戰，一九六〇年始返本島。在戰地三年幸未拋卻頭顱生命，而山岩、灘頭間也曾灌注以心血與汗水，亦曾寫下一些不悅耳與不華麗的詩。本篇爲一九五七年七月初爲華銘餞別之作。一九九三年九月由華銘自美影印寄回與'93年詩簡對映之下，盍勝滄桑之感！

一九九三年十月三日於南投

童話

——紀念楊喚逝世四十週年

你的耳朵聽得見蜜蜂的哭泣
你的嘴唇常與草蟲對話
你的眼眸總映著天真的孩童
和可愛的小動物
（你愛乘小紙船浮過小橋
你愛去參加水菓們的晚會）
你的心靈永遠開向藍天和原野

而你的童年卻是那樣蒼白
在你我的那個時代，即使是青年時期
也從未年青過，從童年一跤
就跌進了弱冠的蒼老歲月

你二十來歲的詩，比同齡的李賀更老
難怪你比天才的長吉更短命

你感謝安徒生給你童話的教室
今天我感謝你給我詩的教室（註）
你以詩立起一座丹麥老人的銅像
而我的童話卻寫不出你來自北方的純真
　和那一代青年的苦難

Y．H！你在哪裡？
Y．H！我在哪裡？

一九九四年四月

註：楊喚的「風景」，是我當年以微薄的士兵薪餉所購得的第一本詩集。我的英文名YANG HUAMING或HARRY YANG的第一個字母，與楊喚同。楊喚與我，當年都穿「二尺五」，都當過「文書上士」，楊喚曾服務於台北「國防部警衛團」，我曾在南京及廣州「國防部警衛團」當過小兵，楊喚二十四歲逝世時，我二十一歲，在金門當兵。

第二輯 水聲

晚向池荷

荷葉羅裙一色裁，
芙蓉向臉兩邊開；
亂入池中看不見，
聞歌始覺有人來。

——王昌齡

過赤壁

遙想
遙想當年
他們在煮完酒後，雄姿英發
抽寶劍在這江面劃一道界
將兩岸分成魏、蜀、吳
然後他們借箭、祭風、鎖船、封江
然後他們損兵、折將、燒船、煮江
然後，後人稱他們是英雄，是豪傑，是風流人物

遙想
遙想當年
他們在舉過杯後，神采飛揚
揮金筆在那海峽劃一道界

將兩岸分成共和國，人民共和國
然後他們用飛機、用戰艦、用元帥、用小兵、指點江山
然後他們射火箭，發炮彈，傾人海，沉浮大地（註）
然後，後人為他們豎銅像，立紀念碑
　供他們的遺骸於莊嚴的殿堂

此刻，江面很靜，很靜
江心祇有一艘遊輪
船頭上站著一個老兵
遙想
遙想當年
總是想不通，他們的遊戲規則
總是分不清
　誰是英雄，誰是豪傑，誰是風流人物

註：「指點江山」、「沉浮大地」均出自毛澤東詞句。

登岳陽樓

頂著古將軍的頭盔
披一身閃亮的前朝甲冑
你站在這大湖前守衛
守著歷史悠久的大地
大地的悠久歷史

曾經是魯子敬操練水軍的閱兵台
登斯樓也
周公瑾趾高氣揚，仗劍長嘯
滅曹孟德八十萬大軍於江上
曾經是滕子京政通人和的凌雲閣
登斯樓也
范仲淹心曠神怡，思潮澎湃

寫下千古不朽的文章
有一個秋天，李酒仙曾到此吟哦，弔念湘君
想必是殘春時節吧
杜拾遺曾憑軒流淚，感懷身世
另一個秋天，多情的江州司馬也來過
在壁上題詩，然後順流而下
去楓葉荻花間尋找知音

那風光早已遠去
此刻你祇是一個旅遊的景點
整日裡圍繞著你的是：
敲打鍵盤的按動電鈕的
庸庸碌碌的現代人
腰纏霹靂袋肩背錄像機的
熙熙攘攘的四方遊客
不認識白居易，誰是辛棄疾

他們祇要搶著與你拍照
想帶走一絲光影，一片雲彩？

人群人有一個白髮遊子
　　一個皓首的行吟者

也登斯樓
也唸那壁上鐫刻著的千古名句
不知是老眼昏花？
　　是字跡因歲月而剝落？
竟然唸不順：先憂後樂，先樂後憂
竟然攬不清：進憂退憂，憂誰誰憂
也罷，誰管得
都是過客，都將離去

一九九三年七月·長江

翡冷翠的一日

聖瑪麗亞教堂的鐘聲
傳來了Morning Call
我匆匆登上艾弗鈕小山
俯覽翡冷翠
晨光熹微下的翡翠
冷艷、幽靜、淒美
翠柏叢中，雜隔著敦厚的拱頂
　傲昂的鐘樓，莊重的藝術堂殿
散發出欣欣向榮的光采（註一）
啊！文藝復興諸神正在醒來

我必須把握每一分時光
去瞻仰，去吸吮，去膜拜

在埃翡齊畫廊裡，早安！
達文西先迎我以一幅天使圖
接著是波提企里的傑作
維納斯的誕生，山林女神的舞蹈
日午，在國家藝術院裡
圓頂的天窗下
大衛雕像的每一根脈絡都在躍動
　每一寸肌肉都在使力、發光
米格朗基羅是神？是鬼？
四個奴隸像要訴說什麼？
晚安！但丁的故居
　和寫「神曲」的小教堂，晚安！
抱歉！我不能久留
我還得去看看阿諾河的流水
在三環洞的橋上散散步
　徐志摩曾在那兒走過

夜深了
再見！但丁
我還要趕夜路，去赴
另一位詩聖的約會
我的貝雅特麗釵也不在這裡（註二）
再見！米格朗基羅
你的巨石太沉重
　使我心驚，使我戰慄
再見！達文西
我還得奔向花都，去捕捉
你遺留的，永恒的微笑
然後我要回東方去
　去擦李白的酒杯
　去洗八大的硯池
　去為雕刻諸山大佛的佚名匠人
　　磨斧鑿……

再見！翡冷翠

一個歷盡瘟疫、兵燹、水災

猶能閃閃發光的城市

一九九四年七月十六日·翡冷翠

註一：翡冷翠，即「佛洛倫斯」FLORENCE，其意大利本名爲FIRENZE，有欣欣向榮之意，「翡冷翠」係按意文原音直譯，音意吻合，不知出自何人之神來譯筆。

註二：貝雅特麗叙BEATRICE，但丁「神曲」中的愛人，據傳即但丁之眞實情人。

萊茵河上

渡輪緩緩向前，我站立船頭
恍如去年今日，在故壘西邊
　流水，在腳下喋喋
　青山，在兩岸默默

羅洛萊之歌自擴音器傳來
峻峭的巨巖漸行漸近（註一）
猛悟此身已在另一江河
我將晤見海涅，而非蘇髯

歌詞淒楚，旋律優美
日耳曼旅客隨曲輕哼、仰望
彷彿絕色仙女仍端坐峰巔

她那飄逸的金色長髮
　和餘音迴蕩的歌聲
使多少舟子葬身河底

啊！斯土斯民
聽德意志人熱情的歌聲
瞧他們深愛著萊茵的神情
他們以詩歌留住美麗的神話
　以行動排除奪命的障礙
也留住青山翠岸間重重古堡
（那曾是戰敗屈辱的標誌）
卻以智慧推倒橫阻東西交通的牆圍
他們記得羅洛萊
也記得拿破崙曾強渡萊茵

渡輪緩緩向前，我站立船頭
羅洛萊之巖漸行漸遠

岸上古堡，腳下流水
我彷彿又重回古壘西邊
啊！吾土吾民

大哉吾土
八百哩萊茵，怎抵長江萬里
吾民十億
但見有人問巫山神女無恙
　讚險峰風光無限（註二）
還有多少人記得
　誰是東條、土肥原！

一九九四年七月十一日・海德堡

後記：謹以此篇，響應吾友朱光熹記抗戰詩「祭，歷史」，兼祭中日甲午之戰一百周年。

註一：相傳巖頂有仙女名羅洛萊Loreley艷色無雙，且歌聲美妙不絕，船夫行舟至巖下，每因仰望姿容而致觸礁滅頂。後有一伯爵公子亦因此葬身河底，伯爵乃派兵圍捕，仙女呼喚萊茵母親前來接引。果見白浪翻騰，女郎跳入河中，從此不見倩影，歌聲乃絕。德國大詩人海涅有詩詠此事。

註二：毛澤東詞水調歌頭：「截斷巫山雲雨，高峽出平湖，神女應無恙」，又題江青遊廬山照：「天生一個仙人洞，無限風光在險峰。」

三峽行

一、在遊輪上

流水　在腳下　數說往事
青山　在兩旁　笑我白髮

從一座孤峰
　尋找杜甫的歸心
從一葉扁舟
　想像李白的詩興
從一片淺灘
　追憶放翁的豪情

我抖落一身塵
　和數不盡的夢

也洒下了淚
——鬱積了四十五年的
在東流的江水裡！

二、進出酆都城

說是生與死距離最近的地方
為什麼怕走過奈河橋呢
橋的兩頭是一樣的天

說是最後判決善與惡的地方
為什麼怕進閻王殿呢
閻王的兩側也有不同的臉譜

該是一筆勾消是非功過
　　成敗榮辱的時候了
為什麼怕跌入十八層地獄呢
地獄與天堂沒有界石

邊境不見兵士守衛
卻彷彿看見
　天使與魔鬼常在換班
　上帝與撒旦已互不侵犯

而此刻，我，一個持外國護照的中國旅客
在兩地徘徊！

三、遠眺神女峰

原是一塊冷冷的石
只因妳有亭亭的姿（註一），秀麗的態
他們偏要加生命于妳
　給妳神話，給妳故事，給妳詩

於是有人擁妳入夢
有人問無恙（註二）
　有人為妳神傷，為妳斷腸，為妳痴

於是，彩霞繚繞著妳，時而親近，時而疏遠
　煙霧迷濛著妳，時而愛撫，時而戲弄

朝雲暮雨，春花秋月
於是妳是否也有了感覺？
燕飛蝶舞，鶯歌猿啼
於是妳是否也有時寂寞，有時幽怨？

仰望妳，我彷彿感到有體溫襲來
　妳不再是冷冷的石
千萬年俯視長江，妳可曾察覺？
瞬息間有一個老者向妳招手，又隨波飛逝！

註一：唐劉禹錫詩：「巫山十二鬱蒼蒼，片石亭亭號女郎」。
註二：毛澤東詞水調歌頭：「截斷巫山雲雨，高峽出平湖，神女應無恙」。

四、雨中洞庭

雨中洞庭，白茫茫
不見雲，不見煙
不見白鷺和沙鷗
不見錦鱗戲水，不見蘭汀芷岸

雨中洞庭，灰濛濛
濁水共蒼穹一色
分不清哪是湖，哪是天

兩中洞庭，渾噩噩
如幻、如虛、彷彿夢境（註）
夢和夢，無數圈夢，結成大網
網不住鱸魚和秋草
卻網住——一湖寂寞

雨中洞庭
不見雲，不見天

但見破帆、斷檣、殘柁
但見濁浪、陰風、愁霧
　　有檻褸的舟子隱約其中

雨中洞庭
不通巫峽，不通瀟湘
祇通汨羅！

啊！何處覓湘靈
　　何處尋娥皇女英的千古柔情
何日再見上下天光，一碧萬頃
何日再見皓月千里，浮光耀金
再把酒臨風，聽漁歌對唱
且移我的扁舟歸來
自客居的密西根湖

註：洞庭湖古稱雲夢大澤，孟浩然「臨洞庭上張丞相」有「氣蒸雲夢澤，波撼岳陽城」名句。

五、登黃鶴樓

誰說黃鶴一去不返
我分明看見牠飛回，又展翅走了
載著我含笑的老祖母

是樓在風雨中動搖？
或是我倦眼模糊？
何以茫茫的天竟碎成片片
何以滾滾的江水轉了方向
　洶湧地向我奔來！

公元一九九三年八月拾句于台北及上海
九月成篇于芝加哥

後記：幼時惟一撫育過我的親人——老祖母今歲以九五高齡去世，老人家禮佛茹素大半個世紀，文革時以古稀之年，仍不免被罰戴高帽掃街，前歲祖孫重逢，第一件事是要我陪她去天台山燒香還願。今登樓思親，不覺淚下。

秦淮河畔

今夜不能泊秦淮
無月籠沙，無煙籠水
河中但有穢污籠堤岸
繁華逝去，畫舫已杳，香塵已散
問酒家何處，無人遙指
今夜不能買醉河畔

一群遠來憑弔六朝金粉的
海外遊客，欲弔無憑
無聊地爭論著哪首歌動聽
商女的後庭花？
時尚的東方紅：
還是那首懷念的老歌：

朵朵櫻唇，層層脂粉
聲聲相思，步步愛憐的
秦淮河畔！

不識花不辨紅的我，祇有沈默
一闔眼，且喜夢見小杜
正想告訴你，牧之！你若生在今世
夢覺只須一刻，不消十年
而青樓已無覓處
水已不流，自更無情
又何勞負薄倖之名
你生不逢時，我不知該為你
悲哀呢，還是慶幸

一九九三年四月·南京

威尼斯的天空

被幢幢相連的樓臺切開
氈落在水巷中的
威尼斯的天空
載著一彎彎「共渡啦」
沉
浮
沉
浮
天載著水，水載著舟，舟載著我
且逍遙游
聽櫓聲，且
伸一疲足在銀河洗濯

憑舷，見我
皓首似星，竟也
佔據了一點天空
歲痕伴著波紋
浮
沉
浮
沉
我在舟上，舟在水上，水在天上
巷口有琴音漾來
是一曲熟悉的聖塔露西亞
我的歌聲今夜和著誰的琴音？
在水面浪蕩，交融
在威尼斯的
人間
天上

沉
沒

一九九四年七月十三日·威尼斯

註：「共渡啦」GONDOLA威尼斯水巷中的搖櫓小舟，狀似新月。

問荷

——給Athena

並肩蘿藤架下，青石凳上，荷花池畔
藤，若前世已纏繞如斯
石，許已三生

你問：蓮花何以能出污泥而不染
讓我訴說荷的秘密
它原是吳剛不經意搖落的一枚
掉入塵世的沼澤
不甘墮落，不堪被湮沒
　吸吮漿汁於污泥
採納精華自日月

默默修煉，苦苦掙扎，終於
探出頭來，綻開
純潔明亮的花朵，供人們
　臨摹、吟哦、讚賞、採摘……
卻仍留住千嚐百忍的苦味，在心尖

伐桂人已被登月者逐出蟾宮
芙蕖生生不息，永在人間
縱然是冬日
殘梗仍在寒風中挺立
且待羅裙帶來的春意拂過
花將再盛開
　水鳥們會再來
　寫生者會再來
　愛詩的人會再來

願荷的清姿

永遠映入你深情的凝眸

一九九六年二月四日台北·植物園

第三輯

鐘聲

夜半客船

須知參禪皆非禪，
若問天機那有機；
機主空虛禪主淨，
淨空空淨是禪機。

——僧道濟

鐘聲

——訪寒山寺

去哪兒尋詩呢
他們指定我住五星級酒店
不許夜宿楓橋下的破篷船

去哪兒聽鐘聲呢
他們說張繼聽過的那口鐘
早已去了日本

到處是SONY，滿街是TOYOTA
我非常擔心，下次造訪
連那塊詩碑
也去了日本

還是去後寺看看寒山拾得吧
他倆倒還在四目相接
在不識時務地對話（註）

一九九三年四月・蘇州

註：據傳寒山曾語拾得：「世人謗我、欺我、笑我、輕我、耍我、騙我、還要罵我。」
拾得答道：「只好忍他、讓他、由他、避他、礙他、敬他、不要理他。」

聖彼得廣場的鴿子

天國近了！人們告訴我
這是一座信仰的都城
宮廷內有天帝的代表駐節
　　有聖潔的天使迴旋

信徒朝聖，遊客尋勝
都湧進這巍峨的殿宇
數不清的大理石圓柱
像原始森林的參天古木
看不盡的浮雕壁畫
莫非歐羅巴的敦煌寶窟
嚮導說百丈高的圓形天頂
是藝術大師的精心設計

可以仰望天國

走遍聖殿每一角落
在人群中尋覓復尋覓
不見神祇走動
不見天使展翅
不見旄節
教堂寂靜如荒山古剎
　　空曠如莽原雪野
若非信徒喃喃，遊客滔滔
我悵然走出堂殿，枯坐台階
看成百鴿群
　　啄食遊客掌中的玉米
哦！原來天使都哄在這裡
是了，祇有你們是活動的
　　　　長了翅膀的

你們忙碌著
時而啄食，時而迴翔，時而踱步
時而在兩傍噴泉汲水，忽左忽右
在兩廂迴廊一百四十座
聖者的頭上著糞
卻沒有一隻飛上青空
　　　　飛出廣場

在聖彼得廣場
惟鴿子長著翅膀
飛鴿們已久不翻雲霓之卷
　　　　久不索阡陌之圖
也不識天國的航路
也不再傳信，不再銜橄欖枝
何處是巴斯尼亞？
何處是路安達？
是否天帝也懾於人間的烽火

在上界深居簡出
在下界，你們有信徒奉獻
　　　遊客供養
廊檐下無風無雨，正好棲息
天國很遠！

一九九四年七月十五日·梵蒂岡

杭州靈隱寺所見

信徒如錢塘潮，都焚香燃燭、跪拜
佛陀、菩薩、羅漢、尊者
早年來自天竺國的移民
值班的僧侶，披袈裟為制服，敲木魚如鼓
唸著聽不懂的：法華、楞嚴、般若、大小乘律？
舶來的梵文番經

翻譯過來的經文，晦澀如現代詩
卻有比楚辭漢賦唐詩宋詞元曲
超出千萬個看不懂的讀者
問僧侶：你們能解讀？
僧侶唱偈：「解即不解，不解即解」

移民來的泥塑木雕的後裔
卻有比活的高幹大款超出千萬個
虔誠的膜拜者
問信徒：你們真信？
信徒打禪：「信亦不信，不信亦信」

無奈，問香爐燭臺：菩薩真靈？
物也誦心經：「佛說不可說，不可說」
佛不說，佛從不開口、沈默鍍金身

加入信徒潮，我隨緣膜拜
祈求佛祖——番邦來的移民
保佑客居番邦的華人子弟
不被霜壓雷驚，風打雨欺
佛顯靈了，如是我聞：
「我們不承認雙重國籍
不保佑化外之民，不過你可以

多捐香油錢！」

一九九一年二月·杭州

天安門廣場

天安門廣場，人民的廣場
有來自塞北的風在呼嘯
有來自大漠的黃沙在巡弋
不見林蔭，雜草不生，缺少綠意
不見甘泉，沒有仙人掌，不是綠洲
想像當年闢此廣場
不為老年人晨操、打太極拳
不為青年情侶黃昏散步、月下私語
是為方便聚集千萬人民，大旗招展
　方便領導者君臨城樓舉臂高呼
　方便群眾造神運動
方便萬歲的呼聲響徹全中國

天安門廣場，革命的廣場
一座革命成功的紀念碑矗立著
水泥和鋼筋的建築
同胞相殘的英雄事蹟浮雕
混凝著纍纍的白骨
一個新造的神，在躺著
不懂為什麼：故代的神多遠離塵囂
在山窪裡絕頂上或站或坐
現代的神要躺著
躺在寸土寸金的市中心
躺在偌大的廣場上

天安門廣場，歷史的廣場
一部用刀馬弓劍寫成的古代史
　用拳腳符咒寫成的近代史
用槍桿子寫著的現代史
　胡騎踏過，倭寇踐過

八國聯軍的野火燒過
「五四」青年的熱淚揮灑過
「六四」青年的熱血流淌過
歷史開啓了廣場
廣場在創造歷史

天安門廣場，旅遊的廣場
外國人到北京
第一要登長城，第二要參觀天安門
GREAT WALL代表中國的古老
「Great!」了不起！伸大姆指向上
TIANANMEN SQUARE代表現代中國
「Notorious!」聲名狼籍，姆指向下

説長城，就説是登月者在太空艙見到
人類在地球上獨一無二的偉大建築
談天安門，他們就想起一幅

獲普立茲攝影獎的照片
一個白衫青年在天安門外螳臂擋戰車
「不登長城非好漢」
不憑弔天安門廣場，怎稱得到過北京

一個飄泊海外的中國人來到廣場
想像未來這片廣場
是自由的廣場，平等、博愛的廣場
有噴泉，可以投一枚銅幣許願
——願廣場的名聲今後清美如泉
　願中國禮運大同的理想實現
　願海外華人都能抬頭挺胸
　說一聲：我來自中國！
　　「咱們的中國！」
有白鴿，與悠閑的市民一起散步、聊天
有百家和鳴的詩書畫在廣場展出
有百花綻放

一九九四年六月四日·芝加哥
為紀念天安門事件五周年而寫

濟顛和尚

六十年來狼藉，東壁打倒西壁，
而今收拾歸來，依舊水連天碧。

——僧道濟

說什麼佛門子弟
道什麼莊嚴法相
瘋瘋顛顛有什麼不好
這世界本來瘋瘋狂狂
人間事總是顛顛倒倒

說什麼出家和尚
管什麼三規五戒
醉醉醺醺有什麼不好
持戒淨身難參天理
喝酒吃肉才是本相

娼妓家説些因果，豈是瘋狂
尼姑庵講些禪機，何云顛倒
禪床上翻觔斗，是真羅漢
缽盂內盛狗肉，方顯法相

唱山歌，聲聲般若
飲美酒，杯杯通禪
旁人修口不修心
口口聲聲誦梵經，不過凡夫
我今修心不修口
朝朝暮暮行慈悲，才是高僧

蒲扇掃狐鬼蛇妖，拂淨紅塵
破衲罩善男信女，破俗渡凡
唸阿彌陀佛，但看南屏醉僧
數風流和尚，惟我淨慈濟顛

一九九三年四月·杭州

西敏寺一角

古往今來，詩人多寂寞
無論是生前，身後
無論在故土，異域
獨這一角落的詩人不寂寞
西敏寺的一角——詩人角

在這一角Poets' Corner
大不列顛的知名詩人一一被追封、加冠
被勒石、立碑、塑像、厚葬
　請入詩人的凌煙閣——詩人角
志願為希臘而戰的拜倫提著劍來了
自我放逐義大利的雪萊乘西風來了
濟慈吟著夜鶯曲來了

戴著桂冠的華茲華斯有一席之地
蓋世大文豪莎翁是不可缺的主角
從大洋彼岸來歸化的艾略特是光榮的象徵
連寫過中國，入了美國籍的奧登也請回來了
還禮聘純美國的朗費羅來壯大陣容
……
還邀來科學家牛頓，音樂家韓德爾
　小說家狄更斯，戲劇家歐文
　畫家維勒爾，表演藝術家葛雷克
洛爾多士，濟濟一角
漪歟盛哉，何來寂寞

而十步之外，一角之外
瑪麗女王正指著伊麗莎白一世撒野，要討回頭顱
亨利第八的妻子們為爭一粒鑽珠在罵殿
喬治二世和詹姆士一世為墓地大小爭執不休
張伯倫和邱吉爾為誰出賣別國利益最多滔滔雄辯

愛德華一世為後代不肖子孫——
當今查利皇儲和黛妃各有婚外情在長吁短嘆
而登基龍椅下的石鎮也在抱怨：七百年來
君王們初登寶座時廢氣剝剝，污損了
老石頭的本來面目

這一角，Poets' Corner
拜倫聽得不耐，氣呼呼提劍回雅典去了
雪萊嘟噥著春天怎還不來，回羅馬去了
濟慈從石碑上取回水淋淋的名字
聳聳肩，回草原聽蟋蟀和蚱蜢唱歌去了
莎翁皺皺眉，在壁上題詩：
「沖霄的塔樓，華麗的宮廷……
都將消逝，像海市蜃樓
不落一絲殘跡」回鄉下to be or not to be去了（註）
艾略特邀奧登一同去泰晤士河畔露天咖啡座
要談判換回各自的國籍

華慈華斯丟下桂冠，嚷著歸田園看花去
朗費羅見Party's over，也拍拍手走了
剩下牛頓還盯著地面，盼望蹦出一隻蘋果來
　會被天心吸上去
韓德爾一本正經地踱出寺宇，唱他的彌賽亞去了
狄更斯去另外三個角落東張西望，想寫篇四方城的故事
維勒爾在構思一幅西敏寺夕照
歐文和葛雷克交頭接耳，討論著
　在眾多君王后妃中挑選角色，演一齣英宮秘史
……
西敏寺的一角
詩人們留下喧鬧，封石掛冠
各自散去，回歸
寂寞
一九九四年七月廿一日·倫敦

註：詩人角石壁引刻莎翁原詩：

The cloud-capt Towers
The gorgeous palaces
The great globe itself
Yea, All which it inherit shall dissolve
And like the baseless fabric of a vision
Leave not a wreck behind

第四輯

書聲

淵明後代居所

居人共住武陵源
還從物外起田園

——王維

陶淵明

望雲慚高鳥，臨水愧游魚。

一篇歸去辭，廿首飲酒詩
你留下不朽的隱者典型
使後世千萬人都說要追隨你
無論是真情，或假意

但你活著的時候是寂寞的
酒，恐怕是你惟一的知己
東籬下的秋菊，你常採摘
也不見得願意睬你，至於
南山，是近鄰，祇早晚與你
打打招呼，談談天氣

且不管你是不願為
五斗米，或五斗米道折腰（註一）
且不問你是
因孤傲而不能適應環境
因清高而不屑同流合污

有田園可歸，有退路可去
可耕，可漁，可樵
管山，管水，管竹
你們那一代的讀書人，總還
勝過我們這一代的勞動人民

而我們引進高科技探測
發動千萬知青下放挖掘
截斷巫山雲雨，教日月換新天（註二）
翻遍每一寸土地
祇能尋到半坡村

找回秦皇的地下國防軍
卻始終不曾發現
桃花源，和你那把
無弦的琴

真希望能有餘日，與你
在時光隧道相遇
聽聽你的高人高見
是做葛天氏之民好呢？
還是做無懷氏之民？

一九九三年九月·芝加哥

註一：五斗米道，爲淵明時代政壇一派系。
註二：毛澤東詞句。

李義山

此情可待成追憶，只是當時已惘然

一首錦瑟，忙煞千年解詩人
猜不透你巧囀的本意
追不著你追憶的真情

其實，歌友情也好，訴愛情也罷
春蠶已死，蠟炬已灰
何須猜透，何須執迷
其實，嘆官場也好，弔戰場也罷
失意固有珠垂淚，得志無非玉生煙
何苦傷逝，何苦追悔

而你密密的思念如松香
但以琴弦輕輕撩撥
請勿用刀解剖
而你濃濃的情意如花蜜
但以心靈淺淺舔嚐
請勿以水溶化
寸寸相思，縱已成灰
寸寸灰已凝聚成詩粒粒
仍見你粒粒相思
　在燃燒……
　千年，萬年……

請勿借風搧滅

有心無力之餘，未卜將休之間
都有難忍難訴之苦
更有不得不隱之痛
　晦澀無妨

曚曨無妨
載浮載沉之際，且流且放之中
都有欲挽欲蹤之痴
都有忽笑忽哭之癲
何妨惆悵
何妨清狂

一九九四年八月

屈原

惟草木之零落兮，恐美人之遲暮

問天，問地，問夏，問殷，問周………
原來你是問個沒完的
問題人物，又何怪乎
楚懷王不喜歡你

歌日，歌雲，歌河，歌神，歌鬼………
惟「九歌」之不已，當然
「雖九死其猶未悔」了

而錯就錯在，自宋玉以降
所有的詩人都認你是

這一行業的祖師爺
承傳你太多的絕症基因
脈中都流著染色度不足的
汨羅江水
於是乎都不合「朝」流兮
　都獨醉獨醒兮
　都喃喃自語兮
　都神經兮兮兮
……

最後還能不被放逐
　或自我放逐者幾希

且看你門下的高徒：
跳進河裡去撈月亮者有之
倉皇辭廟斷送大好江山者有之
才高八斗仍笨得讓情人
　投進阿哥懷抱者有之

寧作淮王舊雞犬，不甘
　隨俗落人間者有之
至於因詩賈禍，賠掉頭顱
　株連九族者，就數不勝數了

我不走你們那條淒涼路
我是駕長車跑高速公路的
是唱蓮花落的，不是
自命為詩人的那「類」
我自絕於你的門牆外
不承認與你有血緣
不參加詩人節大會
不看龍舟競渡
不投粽子在江裡
去餵那啃你屍骨的
魚

尤其是，科學家們說
不久基因將可移植，抽換
我預卜：下一屆風流人物
必先拿你門徒的腦袋開刀
以免問個沒完，歌個不停
再來些諸如上表論佛骨諫用兵
　此類的，奏個沒了……

聰明如我，豈能不趁早與
被官銜沖昏頭的
三閭大夫
劃—清—界—線

一九九四年六月·芝加哥

陸放翁

長繩縱繫斜陽住，隻手難移故國來。

放你在萬里之外
你儲淚一升，積愁萬丈
放你在戍樓之中
你提刀獨立，長歎：堂堂中國豈無人
放你在沈園之內
你悔：錯錯錯；你怨：莫莫莫
放你在鏡湖之濱
你駕輕舟八尺，低篷三扇，與鷗沙為友
放你在病榻之上
你以周易療疾，以離騷下酒

放你在稽土之下
你仍壓一方九洲，在胸口
「六十年間萬首詩」的詩人
當你的玄孫祭告你
中原定了，舊京靖了，但不是王師
你棺外的黃土，可曾濕透？

一九九三年十一月·芝加哥

白樂天

世間富貴應無分，身後文章合有名。

幸哉幸哉白學士
十首秦中吟，半百新樂府
諷詩照寫，好官照做
即使遭貶謫，卻還是封疆
不必下牛棚，去北大荒
羨煞千年以後的胡風艾青

偉哉偉哉白刺史
鑿龍門潭，去九削石，除八節灘
解舟子傾覆之苦
築我老家的錢塘湖堤，興灌溉水利

留下一湖清波，使杭城百姓
長懷去思

悲哉悲哉白尚書
口口聲聲效陶潛
卻從未認同農場，忘情官場
終其一生，都在折腰捧笏

達哉達哉白樂天
寫詩著魔，煉句成癖，但求通俗
身前已風長恨歌
死後更傳琵琶行
處世胸懷坦白
「心足即是富，身閑可當貴」

優哉遊哉白香山
龍門醉臥，香山「中隱」

子夜坐禪有山僧相陪
春來閑遊有詩友作伴
七十歲才掛冠，還有半俸可領
還說些「死生無可無不可」的風涼話
真教那領不到一文退伍金的
同進士出身的老兵
空歎：晚生了一千二百年

一九九三年十月·芝加哥

蘇東坡

我欲乘風歸去，又恐瓊樓玉宇，高處不勝寒！

一〇七三年
你說你是貧窮的，外放在我的家鄉做官
你是列名元祐黨人碑的非主流
而王安石是主流，正推著推不動的新政
後來你終於回到京師
熬成主流。那守法借債納稅的
老張就什麼也不是了
他不入流
只等著北方的胡騎來征服

一九九三年

我說我是富有的，淪落在別人的國家泛舟
買得起三兩陣江上的清風，用外匯券
買得起一小盅山間的明月，用新台幣
偶有零星的美鈔，逛唐人街，買幾本華文書
偶有剩餘的時間，湊幾句歪詩

沒有廉價的大風可乘了，即使
仍耐得住寒，而高處是岩漿砂土
更無瓊樓玉宇，祇好
奔走塵凡，揀一塊荒碑
自己刻上名字

一九九三年十月·芝加哥

杜拾遺

不眠憂戰伐，無力正乾坤。

拾得起
異鄉的白露，故國的月明？
追不回
驚心的寒鳥，濺淚的飛花！

你逃難的苦痛
我們這一代人最懂
你不曾見過：
一串串人從船舷的繩梯紛紛墜下
像青菓，被狂風吹落，讓海浪沖沒
你不曾見過：

一排排年青的生命，在硝煙如霧裡
聲銷，形滅
你也不曾經歷過：
比聊齋更聊齋
比希區考克更希區考克的
暴風雨夜摸黑大行軍
和兩隻帶泥拖水的鞋超載著
邊走邊瞌睡的本領

別離的滋味
你更不能專美於前了
我們中有人以惜別的淚珠
洒成滿天星斗
更有一個同伴，不停地
咒罵自己，為什麼要做
怯陣的逃兵，以至在白色小馬般的年紀
就送了性命

但我們中也有活得比你們瀟洒的
他們將正義託付給金庸和古龍
　將滿腔的怨屈，交給
　　八百年前的包青天

唉！少陵呀少陵
昨夜夢見你走在長安街上
在尋找什麼，又對著
天安門上的肖像
喃喃自語

嗚呼！子美呀子美
你未得廣廈千萬間，但築
小屋三千，在字裡行間
千載之後，我老楊也偶而躲進去
避避風雨

一九九三年十一月·芝加哥

李白

但得醉中趣，勿為醒者傳。

痛飲
飲二千石，飲三百杯
豪醉
醉明月，醉高臺
飲罷落筆搖五岳，醉來散髮落扁舟
飲罷搗碎黃龍樓，醉來倒翻鸚鸝洲
有誰曾在金鑾殿寫詩，有貴妃侍硯
有誰曾在御花園作曲，有皇帝調羹
終究也不免下獄，流放
痛飲依舊
飲不盡比酒更多的愁

狂歌

哭鬼神，笑孔丘
歌清平調，歌長相思，歌關山月
歌白日苦短，歌百年易滿
狂想上青天，攬明月
狂想隨長風去天外，不用還故鄉

這年代，故鄉也是他鄉
　外國也是故國
　青天早已污染
　明月難得一見

君已見，昔人以殺戮為耕作
君不見，今人以征戰為遊戲
君已見，浮雲能蔽日，蜀道難於上青天
君不見，清風朗月要錢買，萬言不值一記拳
君已見，棄我去者，昨日之日不可留

君不見，亂我心者，明日之日，何處去留？

一九九三年十二月·芝加哥

李長吉

尋章摘句老雕蟲……文章何處哭秋風。

騎驢，背破囊
逛蕩在長安郊外
吟哦，吟哦
捕捉，捕捉
繽紛的詩句，如晝之蝶
閃爍的文字，如夜之螢
被你一隻隻捉住，丟進囊裡

興來，奏「箜篌」
石破，天驚
白雲凝神諦聽，湘竹暗自飲泣

風起，唱「銅仙歌」
秋風辛酸，銅人落淚
有時你歎：「天若有情天亦老」
天不老，天總是無情
你長嘯：「世上英雄本無主」
英雄倒是無主，代代都出英雄
總是誤盡蒼生，折磨書生
而現在是科技時代
雄雞一聲是白不了天下了
倒是電鈕一按，可以抹黑世界

二十來歲的老雕蟲
是人太年青？
是詩太蒼老？
「唐詩三百首」不選你
多少人為你不平
但你的二百三十三首詩

一首不缺，流傳到今
六十有餘的新歌手
是人太蒼老
是詩太年青
副刊主編不採我
何須人為我不平

一九九三年十二月·芝加哥

鄭板橋

橫塗豎抹千千幅，墨點無多淚點多。

帝皇世家算什麼？
你以有唱蓮花落的身世沾沾自喜
名門之後又為何？
你以有沿街乞食的祖先自吹自擂
不亦怪哉

十載寒窗，志在功名
你卻：兩革功名一貶官
有道是：千里做官祗為財
這位康熙秀才、雍正舉人、乾隆進士
卻是：不愛烏紗不愛錢

不亦怪哉

朝朝客京華，日日見長安
豈不快活？而你老是惦記：
何日向，江村躲
何日上，江樓臥
不亦怪哉

豪門富賈索畫偏不畫
「任渠話舊論交接，只當秋風過耳邊」
窮措大不索畫偏要畫
寧為青藤走狗，不作奴才文章
不亦怪哉

一枝畫筆畫透天地節氣
十首道情道盡世間炎涼
我亦淪落異域，乞食他鄉

·133·　鄭板橋

久不聞蘭香，不見竹影
花亦無知，月亦無聊，酒亦無靈
幸得你一卷詩詞，兩幅水墨
糊糊塗塗，唱唱山歌，附附風雅

一九九三年十二月·芝加哥

郁達夫

劇憐病骨如秋鶴，猶吐青絲學晚蠶。

青絲吐盡，你嘔血
病鶴折翅，飛不回蘆荻花間

讀你的離亂詩
像看梵谷在割自己的耳朵
讀你的毀家詩
像聽柴可夫斯基在譜Pathetigue
讀你的論詩絕句
像潯陽客忽聞水上琵琶聲

果真詩人多薄命？

怎落得夷光洛妃，先後離去
怎落得慘死炎荒，埋骨異鄉
何不學你最要好的朋友郭老
只一齣左右逢源，便紅透兩朝

用生命和血寫下最後一首詩的
同世紀的詩人
當日寇的刺刀插進你胸膛的瞬間
你可曾悔
不該負笈東洋，錯學胡語

富春江日日夜夜在呼喚
一隻迷途的鶴飛回
嚴子灘前
何人去重理釣竿（註一）

如果說月亮是李白的勳章（註二）

你配佩的是那枚太陽

一九九三年十月·芝加哥

註一：郁達夫原句：「我欲乘風歸去也，嚴灘重理釣魚竿」，「貧士生涯原似夢，埋骨異鄉亦甘心」

註二：詩人紀弦句。

第五輯
風聲

黃山松風

噴雲泄霧藏半腹
雖有絕頂誰能窮
——韓愈

在開遍向日葵的田野

不曾見過，在亞細亞，或美利堅
這等燦爛，歐羅巴的奇異景色
一種花，成千上萬一齊開放，在整片田野
一色的綠制服，多雄偉的行列
一張張赤紅的臉，罩著金黃的光環
一個方向，向著太陽

向著太陽，甘受太陽的拘束
放棄別花的自由
依日光的指令操練
依太陽的意旨作息
一個號令，一個動作

一個動作
伸大葉如掌，張大朵如目
使整片田野
若有千手千眼
恒向著一方
　遙遠的一方，至高的一方
以一方照應萬方

照應萬方
卻不能照應自己
縱有千手千眼
卻不能觸見，秋收後
　自身將歸於泥土
這燦爛，熬不到冬天
我走進你們的行列
忍不住想檢閱

我發出號令
卻沒有一枝轉過頭來
你們不認得我
我也從未見過你們

從未見過，何以似曾相識
啊！我猛然想起
在梵谷的畫中見過
在島上流浪詩人的集子裡見過
（唉！像你們一樣的詩人畫家）
甚至昨天剛見過，藉風轉動的
古老的磨盤上
正磨著你們的種子
不等你們自己揮灑
　就被收割了的，你們的果實

一九九四年七月十日·德國科隆道中

遊古羅馬圓形劇場

站在古羅馬君主的看戲台上
今之遊客，看
劇場中央斷欄殘柵
初世紀人獸搏鬥好戲上演

古代小丑不善耍寶，長相兇狠
手提皮鞭，趕奴囚出場
一陣噼啪鞭笞聲
奴囚們左躲右閃，力竭聲嘶
君王開顏，周圍響起十萬掌聲
一隊鐵甲武士亮相，手執長矛
耀武揚威，三呼天佑我王後

號角聲中，放餓獅猛虎出柙
人獸幾番相撲，幾度掙扎
肢膚撕裂，身首分離，血肉飛濺
君王大樂，十萬觀眾齊喝采

據說劇場開幕百日
搏殺猛獸九千，死囚十萬
劇場有八十座拱門，開向四面八十方
卻開不出一條生路
遊客們說：太野蠻、太殘酷、太恐怖
不忍卒睹，差堪一遊。

初世紀的遊魂
站在人造偽星上，看地球一角
廿世紀人類互鬥新劇登場

現代小丑最擅逗樂，扮相滑稽

掌中玩偶能言善道
一番說、學、逗、唱，君民各開懷
接著一班打仔亮相
幾反猛批狠鬥，幾度大鳴大放
億萬觀眾閉氣噤聲
聽得見左右，一顆顆人頭落地

據說新戲精彩連演十載
第一年就公告坑儒四萬六千
鬥死牛鬼蛇神百萬
但遊魂們說：太文明、太進化、太沉悶
不值一看，也看不懂現代人何以
一面大聲疾呼
保護鳥獸，維持生態
一面在
殘殺人類

地球是一個圓形劇場
有億兆個方向
卻祇有一扇窄門

一九九四年七月十四日·羅馬

三角習題

——為一群消防隊員而寫

深夜警鈴突然大作，你們急忙地
從華氏六十八度的暖室裡衝出來
衝入寒暑表零下廿五度的酷寒
衝向那片熊熊烈火

風，以三十米的速度助虐
氣象員說實際氣溫是零下六十五
破芝加哥四十年的記錄
火災數字也在爭破記錄

你們衝向那片火，一面引水
一面搶救火中的人，及他們的愛犬和貓

水喉噴出的水壓不住火勢
卻在你們的鋼盔上，髮鬚上，制服上頃刻成冰
將你們塑成一座座透明的冰雕

風，無情地肆虐
火，恣意地焚燒
水，將大地凍僵
你們縱以風的速度，火的熱情，水的衝勁
去搶救，去撲滅，去化解
火仍不熄，風仍不止，水仍點滴成冰
你們不解風與火的情結，火與水的恩仇
　　水與風的玄秘
你們解不開這大自然的三角習題
　　不解神的意旨
　　不解天地是否有心
你們無能為力
祇有楞立在冰天雪地之間

以冰雕之姿，藏火熱的心於體內
以一臉的無奈
借風的言語
記錄下歲歲月月的冷冷暖暖
為人間的歷史作見證

一九九四年一月十九日·芝加哥

禿鷹與火雞

一、禿　鷹

一度瀕臨絕滅而受保護的
珍禽，一夜間飛上枯枝
成為今朝芝加哥論壇報的
頭條新聞

怎麼回事？卻原來是
發現有大約四百隻禿鷹
聚集在密西西比河岸
一個叫Keokuk的愛荷華州小鎮
在河上捕魚為食，渡其寒冬
於是人們從四面八方湧來

本無籍籍名的小鎮，一夜成名
鎮上車隊人潮，途為之塞
旅店夜夜客滿
有駕六小時車程趕來的
　八十高齡的史密斯老太太
有舉五十倍望遠鏡的
　十歲的愛斯麗小女娃
有扶老攜幼全家來
　渡週末的約翰森先生
都來爭睹這象徵美國的珍禽
在微曦中飛翔的風采

禿鷹啊禿鷹，你何其幸運
生在這自由的國度
政府一聲令下（註），挽回你
滅種的厄運，又見子孫綿延

而在遙遠的中國，我的故國
珍禽被保護在牢獄裡
更有一些稀有動物
政府一聲令下，一夜間就變得
更加稀有，更加珍貴

註：美國生物專家說，一八六〇年時，美國約有禿鷹Bald Eagle五萬對，一九六〇及七〇年代，由於DDT的濫用，幾使禿鷹滅絕，降至四百對左右，政府一面下令保護禁止人類進入禿鷹棲息地區，並於一九七二年下令禁用DDT，禿鷹始免絕種厄運，目前估計密西西比河上游各地約有二千五百隻，且在逐年增加。

二、火雞

空有一對翅膀，不會飛
也看不出你有半點火氣
縱然有時咯嚕咯嚕
像患嚴重喉管炎
軟弱的哀啼，祇有上帝懂
而上帝不理不睬

任由美國佬每年一度，對你們進行
感恩節集體大屠殺

想當年他們的祖先
從五月花號踉踉蹌蹌地下來
岸上找不到食物，幾乎餓斃
是你們的祖先及時出現
救了這群亡命者的生命
於是他們感恩
不感你們的恩
卻去感謝不相干的上帝
還要每年對你們來一次趕盡殺絕
充當他們感恩節的主食

也曾有個名叫班·法蘭克林的議員
在國會提議你取代禿鷹的地位
但他孤嘴難辯，你們自己又不會爭取

即使票源不足，也該
冒點火氣，拍拍翅膀，飛上主席台
啄啄他們的眼睛啊

唉，火雞啊火雞，別瞪我
我不吃你，也救不了你
在我的故國，也有你的同類
在人們發誓時被斬頭
也一年一度被集體屠殺
充當謝年宴的主菜

一九九四年一月廿四日·芝加哥

錯覺

——黃山記遊

奇松

是天上的謫仙下凡勞改，展其神藝？
不然何來這高明絕頂的園藝家
創此超流派的植松絕活

他植的第一株松命名「迎客」
在山門前彬彬有禮地張開雙臂
歡迎每一位客人進入黃山
看來他像是剛獲平反的孔老二弟子
開門見山告示過客
松的國度原是禮義之邦

然後他撒千萬碎星成松
給每一株松設計一種姿態
植千萬株松於七十二峰，風姿萬千
那緊粘著的兩株是亞當夏娃，永結連理
那比翼展翅的一雙是鳳與凰，共效于飛
那層層疊疊的如寶塔，塔前有高士吟哦
那豐豐滿滿的如團扇，扇後有貴妃遮面
那戴斗笠的是孤獨的簑翁，在雲海垂釣
那執羅帕的是閨中少婦，在望盡千帆
那塊峭巖上有一條蒼龍，昂首雲天
那朵彩雲下有五尾錦鯉，躍出水面

嬌陽下，有許多綠衣少女，婀娜起舞
風起時，有千萬管松笛譜曲，交響奏鳴
松浪滔滔，松風泱泱
松是竹與梅的兄長
都來自君子之家

怪石

天上的星隕落，在此居留
失去昔日的光采，卻頑強如故
各自守著據點，以不動之姿
如久歷沙場的老兵

金雞仍獨立高岡，但不再雄啼
　當年聞雞起舞的人已慣于遲醒
靈猴仍守著仙洞，但不再翻騰
　當年偷自天庭的蟠桃棄置一旁
老僧盤坐石鐘旁，不再敲打
呂仙斜臥古松間，在晒萬里跋涉過的敝履
李白的筆倒插著，筆尖生了花
　詩人呢，流落何方？
武松瞅著那隻弔頸白額，毫無敵意

這群天外飛來的移民，在沉默
他們彷彿也彼此示意，卻沒有動作
他們似乎也在交談，卻沒有聲音
黃山收留了他們，卻以點穴神功
使他們心思封閉，血液凍結，往事凝固
他們已安於現狀？或已忘卻歸程？
石，沉默著，不言不語

雲 海

雲將我浮起
雲在我頸際，雲在我袖中
我在飛翔
我在雲中

浪拍打著我
浪在我頭頂，浪在我腳下
我在泅泳

我在海上

波浪，雲霧
忽聚忽散，忽靜忽動
空間在移，時間在動
我在時空之中

浪翻騰起記憶的潮
記得那年逃難，倉皇奔向岸邊
艱難地攀上船舷的掛梯
逃往遠方陌生的島嶼
　那兒也有一片小小的雲海
如今又萬里飄泊歸來
　置身于更大的雲海
卻希望有一根帶鈎的長繩
像登山者拋向峭壁
鈎住浪潮，衝浪而去

向時空之外逃避

雲霧飄回來往事
記得那年從軍，慷慨奔向前線
任砲彈在身旁開花，那硝煙
像此刻周遭的雲霧
多少年輕的生命被困其中
就此煙消雲散
如今啊，只希望有一朵雲是凝固的
像阿拉丁神燈故事裡的魔毯
載著我，飄向
雲深不知處……

一九九三年四月·黃山

岳王墳

是誰的主意？葬一代斷頭名將父子
於此粉桃萬朵綠柳千條的西子湖濱
是嫌湖面太靜，要引來風波
是愁景色太柔，要添些煞氣

這兒只合白素貞與許仙在斷橋傳情
只合范蠡攜夷光在湖上泛舟
只合東坡邀詩友琴妓在荷池吟弄
只合林和靖偕梅妻鶴子在孤山歸隱
在此地長嘯，高唱滿江紅、東方紅
總覺與一泓清波，不相和調
在此地談是非、說平反、論千秋功罪
總覺使朵朵白蓮，蒙塵沾污

人間幾度更換，世事一再反復
曹操的忠與奸，迄無定論
秦皇的功與過，人言人殊
昨登凌煙閣今為階下囚，比比皆是
報國而能全身者，古今少有
究竟誰是受害人，誰來判決？
岳飛是英雄，只合沙場戰死
若非秦檜奉命議和，上司要清除雜音（註）
也不過像當年我熟識的那些戰友一樣
千萬被犧牲陣亡將士中的一員
也不過是無定河邊多一堆白骨
何來千古不朽的岳武穆

一九九三年四月・杭州

註：岳飛曾作「小重山」詞，非議和談，有「欲將心事付瑤琴，知音少，弦斷有誰聽」牢騷之句，其遭遇頗似今之「彭大將軍」（德懷）或「劉主席」（少奇）。

蘇小小

小時候曾來過妳墓前
那時不認識妳，祇覺得
名字有趣，小上加小，一定
比我的小時候還小

如今我已弄清妳的身世
是一代佳人，錢塘名妓
那時代——千載之上，妳是
既高且雅，身後跟著
一長串詩人的名字：
李賀、溫庭筠、白居易
李商隱……
都曾為妳吟哦

為妳撚斷過幾根鬚

在妳生前，起居有婢僕侍候
出入有油壁車代步
（想必是現代的朋馳，或凱迪萊克）
在妳身後，有幸葬此名湖者，能有幾人？
「草如茵，松如蓋，風為裳，水為珮」
妳的左側，有精忠名將護衛
妳的右傍，有鑑湖女俠作伴
妳的社會地位，似在將相之上
與詩人齊名

有誰知？千載以下，何以
詩人與妓——靈與肉的美容師
都已不再受人傾慕
淪為九流之末

一九九三年四月·杭州

兵馬俑

一

何以選在我們這一代出土
是偏愛這一代，不放心這一代？
是地下無戰事，不耐投閒置散
是人間多烽火，有心復活救難？

你們曾追隨大將白起，元帥蒙恬
　曾縱橫天下，併吞六國，征服匈奴
曾為始皇帝捍衛社稷
曾為大漢民族開疆闢土創造奇蹟
但你們也曾是焚書坑儒的幫兇
　活埋趙降卒四十萬的殺手
而這一代的人類，新人類，新新人類

都早已祇記悲情，不念恩情
　祇算舊恨，不計前功
這一代的雅痞族，股友群、本土系、黑金黨……
都早已不記得有一九三七年的槍聲
　　一九四八年的殺聲
　甚至一九五八年的砲聲
更別提紀元前的澠池之會和長平之戰
回去吧！秦王朝的勇士們
復活是神話，浴火重生是傳說
你們的劍戟和戰車已經過時
況你們已臂缺腿殘，血涸心空
怎能跳出這個坑道
　跨過這條鴻溝

出自泥土的，回歸泥土吧

二

何嘗要在你們的年代出土
是你們有翻地遮天的本領
　　有顛黑倒白的伎倆
強迫我們現世，使我們無地可容

我們曾生坑腐儒，活埋趙卒
那是因為時局動盪，治亂鎮暴之必要
　　群雄割據，一統江山之必要
　　內憂外侮，安國興邦之必要

我們也曾嚴法酷刑，強徵苛賦
那是因為幣值不穩，打擊奸佞之必要
　　景氣不佳，發展經濟之必要
　　社會不寧，安居樂業之必要

但我們也曾使書同文，車同軌
　　也曾衡度量，訂法制

也曾修長城，築都江堰
使百姓不復披髮赤腳
使天下獲一時之安定繁榮

早在二千年前，我們已全身而退，與世無爭
我們歸隱，卻從未解甲
我們退休，卻從未解散
我們仍陣列整齊，軍容威壯
可以隨時在天安門前接受點閱
我們仍手執干戈，保持戒備
可以立即在邊境佈防出擊
但我們無意西山再起
是你們使吾等無葬身之土
而今，見到這一代的殺人核武洲際飛彈
用電腦操作，衛星遙控
可一舉扼殺百萬人腦，毀滅半個地球
使我們手持之寸鐵，已無用武之地

你們自稱後現代、超時代、風華絕代
批評前代人稍遜風騷，略輸文采
未免太薄古厚今，依我們看來
你們正在自我毀滅，正在一步步倒退，走向
蠻荒時代

且看你們的域中：
　專制獨裁依舊
　白色恐怖依舊
　賄賂貪瀆依舊
且看那島之一角：
有黑道縱橫議場之必要乎
有金牛囂張政壇之必要乎
有謀篡改歷史，否認是炎黃子孫之必要乎
有圖認侵略者作父，變更國籍之必要乎
有區分本土外來，挑撥族群和諧之必要乎
……

唉！我們為你們哀，為炎黃先帝哀
　更為我們出土不逢時而哀
你們後人不暇自哀而我們前人哀之
遂使前人而復哀前人也

一九九五年二月初遊西安
一九九六年一月補寫於台北

註：末段倒引杜牧阿房宮賦名句。

馬嵬坡

白雲朵朵自妳頭頂飄去
如一群綿羊走過
三兩白髮遊客在妳墓前駐足
如老山羊仰首顧盼
你的雕像潔白無瑕
想起祭壇上赤裸的羔羊
傳說妳的肌膚
光滑如羊脂，又是羊
羊，那後宮二千九百九十九個
佳麗，想必也都是羊，羊，羊……
而玄宗是狼，狼立羊群
羊相信夜半私語是情話綿綿

不是狼嗥
羊認受旦旦信誓是山盟海約
不是狼吻
羊心溫柔似水
狼心堅硬如鐵
因為狼的貪欲，羊必須馴服
因為狼的尊嚴，羊必須犧牲

唐代的一隻羊，闖入禁宮
賜死在這長安城郊馬嵬坡前
當代的一隻羊，攀上枝頭
變不成鳳凰
夭折在那桂林市外鳳凰山下

一則則羊愛狼，狼吞羊的故事
淒美的情節，都將千古流傳
淒而不美，愛成千古長恨

看罷墓塚，讀遍兩旁詩碑
終覺義山空多情，香山表錯情
我自不宜再濫情
只為化錢買了張門票
有些兒心痛
寫幾行消消悶氣！

一九九五年二月·西安

第六輯　歌聲

盡落葉當

秋草獨尋人去後
寒林空見日斜時

——劉長卿

當葉落盡

當葉落盡
一身輕，爽，自在
我伸臂向上，挺直，成Y形
從不作V狀，或f
無所謂勝，或敗
而是肯定

春愁已逝，寒風奈我何
夏炎已消，殘陽奈我何
秋悲已絕，星霜奈我何
如今是冬，白雪鋪陳的冬
心映白雪
歷一甲子的冬

胸無甲子

鴉雀驚寒，禁聲窩巢
狐兔怕冷，蟄居洞穴
天，空，蒼而不老
地，茫，冷而未枯
白色或無色其間，我獨立
伸臂向上，昂然，作Y狀
肯定
雪泥下根鬚，仍有春意
當葉落盡

六十自壽　一九九三年大雪後

戲中人

霸王別姬

一

當四面楚歌，兵少食盡
劉邦那豎子的軍隊重重圍住
猶能飲酒賦詩：力拔山兮氣蓋世
猶能慷慨悲歌：時不利兮騅不逝
猶能靜觀美人帳下起舞
這一分從容，無愧英雄
這一分詩情，不讓後主

但統帥垓下被困，非戰之罪而何？
大王意氣盡，怨天何用？

無顏見江東父老
難道就有臉見地下的八千子弟
和殉情的虞姬？

烏江的流水，無古無今
兩岸的青山默默，不問歲月
能落一個悲劇角色，在戲台上
能留一道楚河漢界，在棋盤上
成敗何足論，也算千古

二

上台威風八面，下台薪少食簡
台上力拔山兮氣蓋世
台下戰戰兢兢，忍氣吞聲
台上有美人為我殉情
台下的虞姬在為誰起舞？
幕前接受如雷的掌聲喝采

幕後在戲班我潦倒孤獨
虞姬虞姬奈若何
師弟啊！你若再棄我而去
誰來憐我！
誰來愛我

一九九四年四月十五日

四郎探母

一

今夜，塞北的西風蕭蕭，颯颯
卷起一陣黃沙，卷開一場沙灘大會戰
是那場血戰，使楊家將
　大郎喪命槍下，二郎死於短劍
三郎被戰馬踐踏如泥
五郎遁跡空門，七郎遭奸臣潘洪誣害

祇有我四郎被擒，落入敵手
　是叛徒！是降將！
祇有我苟延性命
　是對？是錯？

今夜，關外的月色悽悽，愴愴
照著胡地的宮闕，照見宋營的老娘
老娘親啊！十五年了，我一直想家
是那場血戰，使我們骨肉流離，母子分散
今夜，我們祇隔一線——一道防線
　很近，很近
卻是兩個國度
　遙遠，遙遠……
老娘親啊，想妳，想妳
今夜，我決心奔向妳
顧不得風，顧不得黃沙
顧不得明朝是生？是死

是宋營的戰犯？番邦的死囚？
是天朝的將軍？異國的駙馬？
老娘親啊！今夜我想妳
想得神志顛倒，已分不清
　為誰而戰，為誰而降
　為何而生，為何而亡

二

「媽！我回來了！」
小時候天天說的一句話
竟整整蹩了四十五年
四十五年前的生離，今成死別
再不見妳的慈顏，只見荒塚
再不見妳溫暖的手
　撫摸我風霜的臉頰
只有我創痕斑斑的手

撫妳冰冷的墓碑

這世界，從南極飛北極
　不消四十五小時
何以我飛向妳，足足飛了四十五年
從少年飛到白頭
從青青澀澀飛到蒼蒼皤皤

人類是如此聰明
　能登上月球，追蹤火星
卻又是如此愚蠢
　築有形無形的高牆
　截斷航路，分隔咫尺兩地
　以無情的手，折散骨肉至親
「媽！我回來了！」
沒有回應！

只見斷碑斑斑，剝剝
　荒草萋萋，離離……
　　一九九四年四月廿二日

昭君出塞

一

故國遺棄妳，妳仍眷戀故國
頻頻回首：漢家明月
　　　　　秦時陽關

西出雁門後
滿耳是秋風胡語，再不聞楚曲鄉音
滿眼是黃沙塵煙，再不見紅樓畫廊
懷抱的琵琶，竟是惟一的故人
怎堪傾訴相思，撩撥異地的淒切

妳一代紅粧，以天生麗質
擋住單于的十萬貔貅
救了多少漢將戍卒的性命
解了多少閨中少婦的期盼
功蓋名將，名垂青史，愧煞男兒
又何怨元帝漠視妳的才色
又何恨畫師醜化妳的容顏
當年若非他倆將妳的命運
　作錯誤的安排
妳早已蕪沒在咸陽古郊
　或荊門荒丘
何能獨留青塚向黃昏
那得歌手伶人螢幕舞台，唱個不停
那得一代代詩人喋喋不休
　從古說到今……

二

祖國遺棄你們，你們仍惦念祖國
你們——當代中國的異議份子
為支持「人民當家作主」而振臂高呼
卻不容於「人民政府」的民主運動者
被放逐
西飛出關後
滿耳是法語美腔，雖有時還能
聽到些滬語秦腔，在校園：
滿眼是肯塔雞麥當娜
雖有時還能喫一頓
美式中餐，在唐人街

但去哪兒貼大字報呢？
去哪身絕食呢？
（去時報廣場或香榭麗舍嗎？
　那兒沒有「人民」，誰來理睬！）
你們的怨屈，你們的無奈

你們的戀國情結，一定比
千載以上的王墻複雜多多

然而，時代是前進的
中國人雖仍「醜陋」，才智也在進步
從秦城監獄放個把政治犯
與從冷宮嫁出一個宮奴
看來異曲同工，畢竟一策兩用
既可去一敗「類」
又可取得與番邦交易最惠國待遇
這一代的和番招式，畢竟比
漢明妃的時代高明多多

你們一介書生，以定罪之身
能換得數以Billion美元計的貿易優惠
Plus兩國邦交的和順
也將名垂青史，功昭未來

又何怨當權派不採納你們的萬言書
又何愁反革命的罪行不獲平反

當代的和番使節們：
願你們日後都能重返祖國
不會獨留一列列十字架，向黃昏

一九九四年五月四日·芝加哥

後記：見報載，中共政府釋放繫獄多年之政治犯王軍濤來美就醫，以和緩美國朝野對人權之責難，和爭取延長最惠國待遇，夜觀京劇「漢明妃」錄影帶，天涯同悲淪落，有感而成此篇。

懷蝙蝠

夏的黃昏，故鄉老屋的簷樑間
養精蓄銳了一整天的蝙蝠們
總會在一聲號令下飛出來
佔領庭前的天空

它們以充沛的精力，在低空穿梭交織
以雙翅托起太陽剛卸下的
沉重的黃昏，不讓它壓下來

廊簷下
爺爺悠閒地吸著水煙袋
奶奶的嘴唇在喃喃，手指轉動著唸佛珠
我坐在小板凳上，楞楞地

望著天空，望著蝙蝠

他們像是穿黑制服訓練有素的儀隊
在歡送太陽功成榮退的行列中
表演操槍，以俐落的快動作
接著又換上緊身衣戴黑面具
在慶祝月亮就任新職的晚會中
以整齊優美的快步，舞著探戈
把黃昏舞成黑夜，交給月亮

但老祖母說：蝙蝠是老鼠變的
養在穀倉裡的鼠因為口渴
偷吃了神龕前的燈油
就會脫去尾巴，生出翅膀

偷吃佛前燈油，竟能長出雙翅，
飄飄然羽化而登仙？

佛真慈悲
於是我也偷吃燈油
我沒有生出翅膀
卻飄到了遠方

那是半世紀以前的事了
如今，仍在遠方
不見老屋
不見老祖母
不見佛
黃昏沉重地壓下來
不見蝙蝠

一九九四年一月·芝加哥

軍帽

除影子外，當年我是你最親近的朋友
你總是戴著我，無論走到哪裡
如今你棄我于壁櫥的角落
多少年了，你不再回顧

我曾追隨你走遍金、馬、台、澎
我曾為你蒙過砲灰，沾過血腥
我曾護著你挺立海岸線上
像防風林，擋住那刺骨的風
我曾遮住你跋涉于泥濘道上
像傘，頂住那鑽心的雨
也曾經隨你抬頭、踢正步
恭迎過五顆星的將軍

也曾經與你一起橫戈躍馬，氣吞萬里……

有一次午夜緊急集合，你忘記戴我
害你做了五十個伏地挺身
還繞著大操場跑三十圈
從此你我更是時時刻刻聚首
即使是夜晚，也陪伴你，在枕邊
偷聽你的囈語，看你多少次
惡夢中驚醒

也曾嚮往過有朝能隨你輝煌
像麥克阿瑟那頂，配一支煙斗
陳列在戰爭博物館裡
也曾幻想過有朝能隨你騰達飛黃
在帽沿上綴些花花草草
好顯顯威風，笑傲柳營

如今你棄我于壁櫥的角落
多少年了，你不曾回顧
也許我仍該慶幸，你是藏我
並非棄我，如棄當年那雙
陷過泥淖，蹬過戰壕，爬過險灘
踩過狗屎的，你自織的草鞋
你仍藏著我，你是好心的
不會棄我，剪我，烹我

戴戴我，戴戴我吧！長官
即使是一分一秒，一年一次

一九九四年一月·芝加哥

HALLOWEEN

今夜我將重訪人間哪一故居？
是分離半世紀的故鄉
是揮灑過二十年青春時光的孤島
還是客居大半生的異域？

故鄉有童年的故居
但半世紀後鬼俗已移，鬼籍我未列名
老屋內的侄孫們必驚問鬼從何處來
且拒我分享供桌上的祭品

島上有年青時的戰鬥伙伴
但他們的境地亦多不堪
當年的戰蹟已被高爾富球場掩蓋

忠烈祠內的老友已歎今非昔比
何況我這渡海來訪的外地鬼

客死他鄉，客居是否就算故居
他鄉是否也是故鄉
但今夜的南瓜燈裡找不到東方面孔
宅前吊掛的殭屍模都是金髮碧眼
期中選舉的一八七提案正掀起排外風潮
是否死去的外國鬼也在排斥之列！

生前流浪終生
身後幽靈今夜無處飄泊
魂兮魂兮不能歸來！

一九九四年十月三十一日．芝加哥

註：西俗十月卅一日爲HALLOWEEN，一名ALL HALLOWS EVE，相傳是夕鬼魂重訪人間故居，頗類似我中元節大開鬼門關之傳說。

歌聲

童年聽歌課室內
導師教唱，如申江四月春風
窗外梅雨時節，室內蓓蕾朵朵
　孕育桃李芬芳
鐵蹄聲中，弦歌一堂
最難忘畢業歌
「聽吧！滿耳是大眾的嗟傷
　看吧！一年年國土的淪喪」
歌聲蹄聲，驚散童年歡樂

少年聽歌征途中
吳女低唱，如金陵十月淒雨
干戈道上，看徐蚌兵潰，京畿陷落

飲風餐露，衣單褥薄
最怕聽天倫歌
「小鳥歸去已無巢
兒欲歸去已無舟」
歌聲槍聲，老盡少年悲愁

青年聽歌高岡上
戰士高唱，如鳳山八月烈陽
黃埔樓前，復興崗上，太武山巔
野營擊鼓，沙場點兵
碉堡怒射，荒島夜嘯
最醉心杯酒高歌
「金戈鐵馬，氣吞萬里如虎」
歌聲號聲，激動青年壯懷

壯年聽歌紅塵裡
藝姬搖唱，如台北六月熱浪

西門町口，延平路上
五光十色令神志昏眩
七彩霓虹使方向迷失
猶秋闈苦拚，官場追逐，情關盲闖
出入介壽館，奔波外交道
庸庸碌碌，栖栖惶惶
最熱衷飛上青天
"Fly me to the Moon, let me play among the stars
Let me see what spring is like on Jupiter & Mars!"
歌聲市聲，激盪壯年功利

中年聽歌故國外
胡兒彈唱，如北美九月秋霜
市井開店，郊道掛招
吉他聲裡，薩斯風中
何處尋，長亭古道
萬里悲秋，天涯作客

最難挨Full Moon & Empty Arms
"The Moon is there for us to share,
but Where are you!"
歌聲笳聲，惱煞中年哀怨

老年聽歌蒼茫間
衰翁獨唱，如空濛朧月雪飄
嘆春夢已殘，情緣已絕
流光飛逝，知交零落
挑燈看劍銹，醉裡撫創疤
不堪聞歸雁昏鴉
「夕陽西下，斷腸人在天涯」
歌聲啼聲，難耐老年寂寞
歌聲嘎然而止，Sign-off！

一九九四年十一月三十日・芝加哥

第七輯 干戈聲

（一九五八年以前作品）

新疆帕米爾高原古驛站

（右為本書圖片提供者畫家兼攝影家陳東元先生）

古戍蒼蒼烽火寒
大荒沈陰飛雪白
——李頎

戰地

「我來，並不是叫地上太平，乃是叫地上動刀兵。」

——耶穌（馬太福音十章三十四節）

誰都知道的：
子彈們在空中闢開的弧形路
通向死亡，亦即永恆
通向地獄，亦即天堂

那飛揚於半空中的塵砂
在指手劃腳的說：這是戰地
於是那些刺刀，號角和鐵絲網們
都在小心著意的描繪
一幅戰地的風景……

一面面軍旗，樹起又倒下
一條條戰壕，挖空又填滿
斷臂呀，殘肢呀，血污的屍呀
落紅似的，繽紛於起伏的地形上
彈屑呀，火光呀，紅綠的信號呀
落葉似的，舞蹈於光禿的鋼盔上
將軍呀，壯士呀，瀝血的殉道者呀
落日似的，淪沉於逝去的黃昏……

但丁來遊歷一週，走了
拿破崙來吶喊一陣，走了
——連地藏王也不曾逗留多久
（僧侶們在遠遠地超渡唸金鋼經）
祇有年青的碉堡們對立著
瞪著它們以
重機槍槍口嵌成的凸出的眼珠

而遠方
白雲依然悠閑地蹀躞，蹀躞
白鴿依然輕盈地翺翔，翺翔
白帆依然自在地蕩漾，蕩漾

誰也不知道
這一隊隊南來北往而又北來南往的
誰是英雄？誰是叛逆？
誰將泯滅？誰將不朽？

民四六年秋月·金門

矛盾三章

不寐的眠者

——題光熹兄一座新塑的像。

未見過　你如斯怪特的形態
——躺著，醒著，既不闔眼，又不起來。
斜瞅著，彷彿已
不屑於太陽的紅，浮雲的白，天色的藍，以及星子的亮。
而在設想　設想一新奇色彩
而在捕捉　捕捉一飄渺雲幻
霧沉沉的，你滿臉的夢，一身的謎
無背，無肢
而髮絲張揚著，想游。

而肩肌聳動著，想飛。
嚮往於無路的天空？
　無峰的海上？
　無神的堂殿？
卻沒有翼，沒有鰭，沒有足
且身體的血液早已凝固
且思想的航路早被封閉

妳·我

妳仰望於晴空的一片藍
我俯視著湖水的一片平

風雨變幻著空間的色彩
　妳鼓掌，妳驚喜
而風雨搗碎湖面的水平
　我喟歎，我落淚
因此，我們永遠地存在一

很近很近，而又最遠最遠的距離。

海浪及礁

攻擊，攻擊，以我閃光的尖兵
抵禦，抵禦，以你黑亮的鐵騎

我欲飛揚，使你沉落
不任銀魚悠游於你臂彎
不任白鷗憩息於你頭頂
你欲昇騰，使我匍伏
磋碎我閃亮的銀色的鋒刃
折斷我銳利的矛

為什麼呢？我們同是海的族類
應是摯友，應是情侶，應是至親
而現在是仇敵
相互作感情的戲謔，生命的擲注

於是有人說，理想熱情如我
而現實冰涼如你
那是永遠不能調和的
　剛與柔的戰爭，動和靜的對比

那就祇好等待了喲
等待有一天
一個智者以一個力量
推翻宇宙的律
推翻你我之間的對等性
那時，或者，我將膜拜於你足下
那時，或者，你將沉溺於我胸臆

民四十六年秋月·金門

附錄：

和諧二章
——致遠在金門的華銘兄

李春生

宇宙

讀著你的「矛盾三章」
啊！兩個堅強的靈魂緊緊地拉了手
　縱然我們是素昧平生

但，不止一次，聽光熹敘述說：
我知道，我知道你和我一樣
有流浪的痛苦的經驗
有飄泊的辛酸的一頁
而我們都並不孤獨
因爲，每一朵浪花，一尾銀魚

一葉扁舟，一隻海鷗……
因爲，每一株樹，一塊岩石，一撮泥土
一粒沙子及一個螞蟻……
都是我們的同類，至親，摯友……

宇宙的律是和諧的，沒有仇恨，沒有矛盾……
而當那一天喲！那智者
你所渴望的：
我則認爲是渺渺的一股不可抗拒的力量
引導著我們的靈魂昇升
如水的蒸發，岩石的風化，地球的毀滅……
我們的軀體亦化成灰燼同落於大自然的原素
緊緊地，緊緊地融合在一起
一個沒有矛盾的和諧的宇宙擁抱……

藍天與湖

藍天投影於晶潔的湖面

湖心乃構成一個綴滿
星星，月亮與太陽的美麗的宇宙
縱然有暴風雨的摧毀
但過後的平靜仍是無疵同前
於是，我相信
心與心是沒有距離的，靈魂與靈魂也沒有界限
而亦更沒有不可消釋的誤會與成見

民四十六年十二月末於東台灣

原載野風半月刊

堡

靜靜地蹲著、伏著、屹立著，
在山的頂點，在島的邊緣；
瞪著深沉的巨眼，向遠方，
守衛著自由芬芳的土地。

生就是一付倔強的骨頭，
從不曾有過份外的企求，
衹默默地執行你生命的使命，
守衛著這自由芬芳的土地。

於是你永遠堅強地站在曠野，
頭頂著碧藍的天空和飄渺的雲，
聽風雨為你伴奏激昂的戰歌，

讓蔓草漸漸地爬上額頭……
堡，真理正義的守衛者啊！
你沉默如一個智慧的哲人，
但當醜類們向你狂叫的時候，
你將會發出驚人的怒吼！

九·三·戰鬥之夜於金門

原載公論報藍星詩周刊

停雲集

悵

這小園不屬於亞當們的管轄
這黃昏是殷紅的
像血的流瀉
火的狂熾
棕色土人粗獷的歌
歌聲漸漸……　火勢徐徐……　血流汩汩……
晚霞終於向晚
落日終於沉落
留下未圓的月——新的月
留下我！

我，披戴過金黃、黛綠、蒼白、濃墨
　各色色彩的我
倦於笑，倦於哭
倦於寧靜和激動
倦於無休止的流浪，流浪呵

這小園不屬於亞當們的管轄
　這月夜是蒼白的
　　想起垂死人的面
　　　小樓上抖顫的弦音
　　　墓地荒塚的纍纍白骨
　　　　……………

我徘徊著，仰望著
　那航行於多星礁且滿載著的
　　未圓的月——孤的月
而忖度，忖度他是否也在忖度

為什麼，沒有柳絲的纜來繫
為什麼，沒有泊岸的港，沒有人卸

眺

終於來了！那形象，遠遠地
自濛濛的雨的濛濛裡
自茫茫的霧的茫茫裡
渾然。如一團夢
　一卷沉沉的鉛灰的雲

倚窗的人，又幻想了！
那雲，那夢，那形象，能帶來什麼呢
　更烈的風，更暴的雨，更大的霧？
　新的太陽，神話，火……？

鴿子還沒有飛來，洪水沒有退走
　似曚曨似遺忘而又似乎在

　想些什麼的倚窗人啊
　　還眺望什麼？還幻想什麼？
你顫抖的手指解不開霧
　殘屋，盛不下雨。紙窗，擋不住風
你還能忍受？
　喋喋的祈禱
　熊熊的，烈烈的焚燒……

倚窗的人，別幻想了！
快快築壇罷，快快獻祭罷
為免於氾濫，免於漂泊，免於
　再一次　進諾亞方舟……

悟

人們重複地
　重複地述說很久很久以前的故事
　　像樂園沉了

伍員出走了
聖海倫島上的英雄死了
帶去武士的劍，美人的香腮，帝皇的冠冕

再不聞悠悠的鐘聲，喃喃的晚禱
再不見閃閃的寒光，皚皚的銀盔
而且多傻啊，他們迷戀於
　古希臘的斷柱，中世紀的神話
奇蹟，和荒唐的傳奇……

漸漸，那為你仰慕的
　古銅的雕像，紛紛剝落
弓盾，金劍，空空的箭壺們，譜上青苔
　消逝的終於消逝了，何必苦苦去追
失落的已經失落了，何必
　　尋尋覓覓……

我嗎？我將不與你同路了！
　我將赤裸著
　　幽幽於雲端，淒淒於水面
　任聚散，浮沉，隕，謝……
　幻，幻，幻，夢樣的幻，幻
　　如癡，如迷，如愚，如醉
再說：我將不與你同路了
　因為你真傻
　你不懂我底憂鬱！

民四十七年仲夏

生命之歌

——覆白石

祇有斷絃的琴才能奏出無聲的歌，
祇有枯瘠的沙漠裡才有綠洲。
我們的心房正狂燃著熊熊烈燄，
為什麼？要自認是隻寒冬的蝦蟆。

快樂的小精靈雖然不再來訪，
但在我們回憶的世界裡，笑聲常在
憂鬱的藤蘿雖然纏繞著我的住屋，
但在憧憬的王國裡——
太陽永照，青春常駐。

不要理會殘月的歎息，落日的誘惑，

別耽心花的凋謝，葉的凋落，
讓我們儘情的寫！大聲的唱啊！
催起朝陽，唱醒森林，
創造一個理想的國度。

啊！白石！

我不願是隻秋日的病蟬，
你也不要成為寒冬的蝦蟆，
讓我們詩的噴泉永遠飛濺，
讓我們情的尼羅永不乾涸！

民四十六年九月

原載澎湖建國日報

華銘：

斷了的豎琴奏不出悅耳的歌
詩的尼羅
情的噴泉
此刻都已一一乾涸

沙漠裡再沒有清脆的駝鈴
笑聲逝去
青春沒落
我竟成了隻寒冬的蝦蟆！

志耕（白石）敬上
民四十六年九月十七日

註：斯志耕（白石），前中華電視公司編審，已故。

和光熹的「死魚」

你是死魚（註），我是寒鳥
你離開了你那悠游的藍色的海洋，
我失去了我那溫暖的窠

白色的沙幅射赤色的太陽
使你的軀殼死亡
而暴戾的雨陣夾雜著顫抖的風
使我的羽毛凋零，靈魂枯槁

你的靈魂昇入太空
正如我的軀殼墜入海洋
上帝把你從夢中吹向現實
正如把我從現實跌入夢幻

哪是現實？哪是夢？我分不清
哪是生活？哪是死？你不瞭解
可是，我們又都不忍
讓「時間」的馬拖著我們的輪子跑
讓「命運」的孩童拿我們的當積木玩

唉唉！你是死魚，我是寒鳥
你不能悠游於你那藍色的海洋
正如我無力飛回那遼闊的天空

民國四十六年·金門

附錄：

沙粒

——致光熹與華銘

李春生

你是死魚，他是寒鳥；
他是死魚，你是寒鳥。
啊啊！你和他、他和你、不分彼此，
同樣的有著靈魂與軀體。
一個曾悠游於深邃的海洋，
一個曾翱翔於遼闊的天空；
而當驚濤與風暴來臨的時候，
你們卻任由命運隨意佈擺；

一個被浪尖拋上沙灘，
一個被雨陣擲下海洋。
在軀殼乾癟，靈魂枯槁的剎那，

你們都有著深深的痛苦與迷惘。
於是，
你們再也分不清幻覺與現實；
於是，
你們再也不瞭解生存與死亡。

：「永恒」——哪是上帝在親切的召喚？
：「毀滅」——哪是撒旦在淒厲的吶喊？
啊啊！你們快樂，驚駭……
　　被矛盾磨折著，戟刺著……
而我是一粒漠然的沙石，
沒有靈魂，沒有肉體，
　（是一個結實的心與質的混合）
沒有巢穴，沒有家……
大風起時我就隨而飛揚，
洪水泛濫我就跟波浪去遊歷。
從黃河到長江，

從尼羅到恒河
從萊茵到密西西比
從太平洋到大西洋……
從戈壁，瀚海，到阿拉伯，利比亞……
從亞細亞，歐羅巴，到
　阿非利加，亞美利加……
從地球到火星……
全世界，全宇宙遍佈我的弟兄
而我亦任意到處流浪……
凝視著過眼的煙雲，
所有以往時間中一切歷史的變遷均化爲無形
命運在我底面前也被征服
啊！我不朽的生存，永遠的沉默……
以愛將你們腐化的軀殼擁抱……
以韌、耐、堅、毅迎接未來……

四十七年元月初稿
原載野風半月刊

落葉

落著，落著，不停地……
落自火紅的鳳凰木，冷綠的菩提樹
落自幽幽的相思林，纍纍的果樹園
落自三千年古老而不朽的神木

落著，落著，不停地……
飄蕩於風的旋律，雨的節奏裡
飄蕩於山河之間，雲海之間，兩極之間
飄響西風的話語，揚起秋天的旗
飄響冬的訊號，告訴秋蟲蟄眠

落著，落著，不停地……

落入荒原，落入深海，落入大地
落在老者蒼白的髮上
落在流浪人虛空的心底

二

已領受青鳥的顧盼與歌唱，
已厭倦光影的追逐與嬉戲。
已度過匆匆的春，耐過長長的夏。
已被落拓的詩人畫家們拾作秋天的主題。
最後，任風吹雨淋，腐為塵埃也罷，已矣……
最後，任冰雪埋葬，化成春泥也罷，已矣……
不再憶戀，那些挺著芬芳誘人的花朵招搖的日子。
不再懷念，那些隨著青枝翊翊地欲攀日摘星的日子。
不再悲悼，那由青而綠，由綠而黃的生命的消逝。
不再怨恨，那無辜的春雷，夏日，秋雨交綴成的運命的幻變……

三

啊！樹是樹，葉是葉，
樹有樹的世界，葉是葉的生命。
它們支撐我，滋育我，是自然的律
它們遺棄我，抖落我，是自然的律，
它們不可在秋天裡敷飾我。而顯得累贅
正如它們不能在春天裡缺少我，而顯得孤瘠……
啊！你們都是主宰，也都被主宰，
我們都曾被寵，也同屬不幸。
此刻，你一年年的伸長，拓廣
我一天天的枯萎，凋殘
然而你不免於世紀之神的斧鉞。
正如我不免於季節使者那風雨的劍。
那好！讓白雪為你嚮導，讓日光為你接引，任你昂然地舒展
那好！讓蟋蟀為我弔輓，讓蚯蚓為我惜別，任我默然地憔悴……
（呵！也許還能去荒塚，護衛白骨，造訪幽靈！）
那好！從此我要飄落，我被搖落。
不再，不再，已矣，已矣……

落入荒野，落入深海，落入大地。
落在老者蒼白的髮上。
落在流浪人虛空的心底……

民國四十六年·金門

大擔島的禮讚（朗誦詩）

壯麗的大擔島，屹立在廈門港外，
像一座光明的燈塔，矗立海上，
面對著彼岸，煥發著璀璨的光芒。
你傲岸的懸崖，是力量的顯示，
你嶙峋的巨巖，是意志的聚積，
南山的燈塔，象徵著島的靈魂，
你以生命的光亮照澈了南海。
北山的萬人井，是熱力的泉源，
瀰漫著鄭延平中興復國的氣燄。（註一）

清晨，有成群的水鳧掠空而去，
黃昏，有遊倦的羽鷗歸來憩息；
大擔！大擔！在多風雨的海上，

你是海鳥們麕集棲息的海上樂園。

堅強的大擔島，屹立在廈門港外，
是一把利刃，直逼著魔鬼的咽喉。
五年前，為維護自由的神聖的一戰，
成千的入侵者在你的怒吼中葬身大海；
從此，你平凡而年青的生命才開始發光，
從此，你陌生的名字才被人們叫響；
從此，他們再不敢在你面前肆狂，
從此，他們再不敢向真理的旗幟挑戰；
而你卻以堅毅的神采，遙望著彼方，
看港內的殘帆在海濤的澎湃中戰慄，
看彼方的邪類在巨砲的吼聲中震顫。
大擔！大擔！在時代的風暴中，
你正肩負著雪恥復國的大擔！（註二）

英勇的大擔島，屹立在廈門港外，

你披一身堅韌的甲冑，矗立海上，
是戰士們最嚮往的前方。於是
我來了，帶著無限的興奮和喜悅，
帶著無比的雄心和鬥志，
帶著我心愛的詩和戰鬥的槍，
激昂地投向你健壯的懷抱裡來了！
我守衛在你流過鮮血的灘岸，威風凜冽；
我更攀上你發光的巉崖向遠方示威。
啊啊！大擔！我熱愛著你，也熱愛著海，
更熱愛你眼前那一脈翠黛的青山；
我將鍛鍊我的體魄，如你傲岸的懸崖，
我將培植我的意志，如你嶙峋的巨巖；
而我更要孕育有如你的，堅毅不屈的精神，
為人類肩負，革命的大擔！

民四十三年十月二十五日·寫於大擔

註一：南北二山，分全島爲二，北山的萬人井，相傳爲民族英雄鄭成功駐軍時所掘。

註二：蔣經國先生爲此島題詞：「有大膽者，方能負雪恥復國之大擔」。

生日

又來了，妳惱人的女郎
妳知道我多厭懼妳不速的造訪

妳的髮絲，飄蕩著濃鬱的憂愁
妳的身影，帶給我迷離的回憶
妳如斯急速的沖沖而來
是來索踐我昔日諾言的嗎

啊！貧瘠的我，仍一無所有
沒有嵌珠的冠冕
沒有綾羅的服飾
沒有如錦的花束
貧瘠一如這島上單調的沙土和禿了的樹

又一次
我冉冉地放情感的舟出港
乘這晚潮嘶吼的夜裡
目送妳曳著長長的背影
姍姍離去……

一九五五年二月廿七日於大擔島
原載公論報藍星詩周刊

後　記

過了花甲之年才出第一本詩集，被一位朋友譏爲老蚌生珠。其實他是在誇獎我，我哪能生出珠來，不過是一些泥沙罷了。但是，「縱使小得如一粒沙子，也始終忠實於自己，誠實表現自己渺小的一掬情感……自然可以不羞慚的唱出我們自己的情調。」六十餘年前的新詩人陳夢家在「新月詩選序」裡就這樣說過。所以我也就毫不羞慚地發出我自己的聲音來了。雖然那聲音是如此的微弱，不如蛙號，不如蟬鳴；甚至也不如蚯蚓翻泥，小草吸露，在衆聲喧嘩中，很難盼望有多少人聽得見。

這雖然是我步入晚景後的第一本詩集，仍然希望不是我最後的一本。事實上，錄在這裡的幾十首詩作，絕大多數是最近三年寫的。

這本集子能夠出版，全仗昔年同窗好友薛兆庚將軍和杜松柏博士的鼓勵、督促和協助。沒有他們兩位催生，這些沙土還在老蚌的殼裡，見不到陽光。同時也要感謝同窗詩友朱光熹先生，若非一九九三年與他在台重逢，經他啓示和提供「海鷗」詩刊這塊園地，我不可能重拾詩筆。

而尤其感到興奮的是，蒙文壇前輩無名氏（卜乃夫）先生賜序。早在四十多年前，當時我們這群青年，就非常崇拜卜大師。讀他的兩本名著「北極風情畫」和「塔裡的女人」時，眞可以「如醉如痴」來形容。在我看來，無名氏先生是一位道地的詩人。他所有的作品，無論是散文、是小說、是遊記，都是詩；都有詩的本質，詩的內涵。我四十年前在鳳山軍校受訓時，曾手抄了一些「火燒的都門」等名著裡詩樣的散文句子，那本發黃的筆記，至今仍保留在我的書架上。

卜乃夫先生才眞是生活在詩裡的人。

名作家戚宜君學長在百忙中爲我著文評介，名畫家兼攝影家陳東元先生贈我多幀在新疆、黃山等地攝得的珍貴鏡頭，使這本集子增色，都非常難得。謹致眞摯的謝意。

最後，再借用陳夢家在「新月詩選序」裡的句子：「人類最可寶貴，是一刹那間靈感的觸發……記載自己情感的跳躍，才是生命與自我的眞實表現。」在此，我紀錄了我的一段生命，一些自己靈魂的聲音。

一九九六年十二月三十一日於台北永和竹林居